运动营养学与健康研究

李 晶 ◎ 著

吉林大学出版社

·长春·

图书在版编目（CIP）数据

运动营养学与健康研究 / 李晶著 . -- 长春：吉林大学出版社，2023.5
　　ISBN 978-7-5768-1769-0

　　Ⅰ . ①运… Ⅱ . ①李… Ⅲ . ①体育卫生—营养学—研究②保健—研究 Ⅳ . ① G804.32 ② R161

中国国家版本馆 CIP 数据核字 (2023) 第 106054 号

书　　名	运动营养学与健康研究
	YUNDONG YINGYANGXUE YU JIANKANG YANJIU
作　　者	李　晶 著
策划编辑	殷丽爽
责任编辑	曲　楠
责任校对	刘守秀
装帧设计	李文文
出版发行	吉林大学出版社
社　　址	长春市人民大街 4059 号
邮政编码	130021
发行电话	0431-89580028/29/21
网　　址	http://www.jlup.com.cn
电子邮箱	jldxcbs@sina.com
印　　刷	天津和萱印刷有限公司
开　　本	787mm×1092mm　1/16
印　　张	11
字　　数	200 千字
版　　次	2024 年 1 月　第 1 版
印　　次	2024 年 1 月　第 1 次
书　　号	ISBN 978-7-5768-1769-0
定　　价	72.00 元

版权所有　翻印必究

作者简介

李晶　出生于 1982 年 8 月 29 日，满族，女，籍贯为吉林省伊通县人。博士学历，副教授职称，现任职于吉林体育学院运动健康技术学院。主要研究方向为运动营养与健康。

前 言

自古以来，就有民以食为天之说。衣食住行用，吃饭是人类的第一需要。吃饭的目的是生存，而生存的前提就是营养与健康。从这个意义上讲，营养学既是一门古老的学科，又是一门新兴的学科。伴随着我国社会和经济的发展，医学科学技术的进步，我国居民卫生保健水平得到了极大改善，膳食结构正由温饱型趋向营养型，营养学已经成为提高人的生理功能的一门学科，也是一门维持人体健康、防病保健、治病康复的重要学科。

运动营养学作为一门新兴的学科，它是营养与竞技体育、大众健身、疾病运动康复相结合，随着体育运动的发展而形成的。运动营养是保障运动员身体健康和取得良好运动成绩的基本因素之一。另外，随着人们生活水平的提高，平均寿命的延长，我国健身活动蓬勃开展，与之不相适应的是由于缺乏合理的营养指导，健身者不知如何获得均衡的营养来保证最佳的健身效果。身体健康，营养为本。许多疾病的发生和人体的亚健康状态与营养状况密切相关。通过合理摄入营养促进健康，加速身体康复，是人们的迫切愿望。营养学与每个人的日常生活和身体健康密切相关，加强运动营养学与健康的研究，是促进全民健康和推动全民参与体育运动的必由之路。本书将围绕运动营养学与健康展开论述。

本书第一章为营养学基础，主要从三个方面进行了阐述，分别是营养及营养学的基本概念、营养的意义、营养学的发展；本书第二章为营养素基础，主要介绍了七个方面的内容，依次是能量、蛋白质、脂类、碳水化合物、矿物质、维生素和水；本书第三章为合理膳食营养，分别介绍了三个方面的内容，依次是食物的营养价值、合理营养和合理烹饪；本书第四章为营养素与运动，依次介绍了能量平衡、蛋白质和氨基酸、脂肪、碳水化合物、矿物质、维生素、水和运动之间的关系；本书第五章为运动和营养与健康，主要介绍了三个方面的内容，分别是运动和营养与自由基、运动和营养与免疫、运动和营养与慢性病防治。

在撰写本书的过程中，笔者得到了许多专家学者的帮助和指导，参考了大量的学术文献，在此表示真诚的感谢！

由于笔者水平有限，加之时间仓促，本书难免存在疏漏之处，在此恳请同行专家和读者朋友批评指正！

作者

2022 年 7 月

目 录

第一章 营养学基础 ... 1
 第一节 营养及营养学的基本概念 ... 1
 第二节 营养的意义 ... 2
 第三节 营养学的发展 ... 4

第二章 营养素基础 ... 8
 第一节 能量 ... 8
 第二节 蛋白质 ... 16
 第三节 脂类 ... 25
 第四节 碳水化合物 ... 31
 第五节 矿物质 ... 40
 第六节 维生素 ... 56
 第七节 水 ... 62

第三章 合理膳食营养 ... 65
 第一节 食物的营养价值 ... 65
 第二节 合理营养 ... 100
 第三节 合理烹饪 ... 106

第四章 营养素与运动 ... 110
第一节 能量平衡与运动 ... 110
第二节 蛋白质和氨基酸与运动 ... 114
第三节 脂肪与运动 ... 116
第四节 碳水化合物与运动 ... 120
第五节 矿物质与运动 ... 123
第六节 维生素与运动 ... 130
第七节 水与运动 ... 133

第五章 运动和营养与健康 ... 137
第一节 运动和营养与自由基 ... 137
第二节 运动和营养与免疫 ... 146
第三节 运动和营养与慢性病防治 ... 152

参考文献 ... 166

第一章　营养学基础

营养是维持人体健康最基本的条件之一。营养直接影响人们的身体素质。随着国家经济的不断发展和人民生活水平的不断提高，营养问题越来越引起人们的关注。本章主要介绍了营养学基础，主要从三个方面进行了阐述，分别是营养及营养学的基本概念、营养的意义、营养学的发展。

第一节　营养及营养学的基本概念

一、营养的基本概念

营养就是人体在摄入食物之后，人体对其营养素进行消化、吸收、利用，保持生长发育、组织更新并维持健康状态的一般程序。

营养素是指具有营养功能的物质，是营养的物质基础。人体通过膳食获得所必需的营养素。营养素通常包括蛋白质、脂类、碳水化合物（糖类）、维生素、矿物质（包括常量元素与微量元素）和水六大类。其中，前三类可称为宏量营养素，又称"产能营养素"或"生热营养素"，是为人体提供能量的物质基础。现代研究表明，人体至少需要40多种营养素，其中包括9种必需氨基酸、2种必需脂肪酸（亚油酸与亚麻酸）、14种维生素、7种常量元素、8种微量元素、1种糖（葡萄糖）和水。20世纪70年代以来，西方学者把膳食纤维列为第七大营养素。近年来，随着人们生活条件的改善，膳食能量摄入过多，劳动强度下降，食物过于精细，膳食结构中多糖（如纤维素、淀粉、果胶等）的比例下降等，慢性非传染性疾病在全球范围内呈高发态势，使人们重新认识到膳食纤维的重要作用，并把它称为"被遗忘了的营养素"。

二、营养学的基本概念

营养学是研究人体营养规律及其改善措施的一门学科。

摄取食物是人和动物的本能,而正确合理地摄取和利用食物则是一门科学。营养学就是研究合理利用食物以增进人体健康的科学。营养学属于自然科学范畴(但有较强的社会性),是预防医学的组成部分,具有较强的实践性。它与生物化学、生理学、病理学、临床医学、食品科学、农业科学等学科都有关系。

随着营养科学的发展,出现了许多营养学分支学科,例如:

(1)基础营养学。它包括各类营养素的结构和在体内的消化、吸收、代谢生理功能等营养生物化学以及与其有关的细胞与分子生物化学。

(2)临床营养学。它主要研究营养与疾病的关系。在疾病状态下,运用营养学理论知识和相关手段,对患者进行营养状况评价,同时配合治疗进行营养支持,并做出效果评价。这些措施对治疗疾病有辅助疗效,可促进身体康复。

(3)食品营养学。它主要是研究食物、营养同人体生长发育及健康之间的关系,以及提高食品营养价值所应采取的对策。

(4)公共营养学。它研究正常人群、特殊生理人群(如婴幼儿、老年人、孕妇、哺乳期妇女等)、不同工作与生活环境人群的营养状况和营养干预的评价及改善措施。

第二节 营养的意义

一、营养对人体健康的重要性

人体为了维持正常生命活动和从事劳动,必须每日不断地摄取食物,食物中含有各种人体必需的有机物和无机物,这些对身体有益的有机物和无机物称为营养素。"民以食为天"中的"食"实际上指的就是食物中的营养素。因此,饮食对人体的重要作用就是从食物中摄取能量和各种营养素。食物中所含营养素种类繁多,达数十种,目前已经明确并得到公认的人体营养素有 40 多种。不同营养素对人体的作用各有差别，但总的来说，有三大功能。

（一）提供热能

碳水化合物、脂类（其中绝大部分为脂肪）和蛋白质在人体内氧化产生热能供应维持生命和从事活动时使用，所以这三类为产能营养素，又称"热源质"。

（二）构成身体组织

从化学结构来看，身体是由蛋白质、脂类、碳水化合物、矿物质、水和维生素所组成的。由于维生素在体内含量甚微，以毫克或微克计，可以省略不计。肌肉主要含有水分和蛋白质。骨骼主要含矿物质，其次为水和蛋白质。血液主要含水分，其次也有相当数量的蛋白质。从人体整体构成来看，主要是水分，其次是蛋白质和脂肪。

（三）调节生理活动

维生素、矿物盐、蛋白质和水都具有各自不同的调节生理活动作用。很多维生素是各种酶的辅基。很多矿物盐是酶的激活剂。蛋白质是酶、激素、抗体等的组成成分。以上这些因子都是机体完成复杂的生命活动所必需的物质。

二、营养对人体运动的重要性

合理的营养能补充锻炼时所耗费的体力及多种营养素，尤其是维生素、矿物质等，同时可避免因锻炼而损伤身体。

合理的营养能确保锻炼的品质与效果，在锻炼过程中，适时的营养补充是非常重要的。运动对人体来说，不仅需要有充足的能量供给，同时还必须具备适宜的营养素供应。在锻炼过程中，为适应供氧需要，生理上产生了一系列的改变，这些改变，一方面提高了身体机能，另一方面又引起了人体营养状况的变化，主要体现为营养物质的消耗增加，有害代谢产物的增加。如果营养摄入不足或供给过量都将对运动员造成人身损害，甚至导致严重疾病。所以，合理的营养是确保运动效果、促进身体健康之本。

合理的营养能促进锻炼后体能的恢复和疲劳的消除。运动之后的能量消耗很大，蛋白质分解量大，电解质的损失和酸性代谢产物的积累等诸多因素，会引起身体的疲劳。如果没有足够的营养物质供给机体进行能量代谢活动，就可能导致严重的生理机能障碍或产生一系列并发症，甚至危及生命。适时、合理地采取营养补充措施，不但能推迟锻炼时疲劳发生的时间，缓解疲劳程度，并能较快地消除疲劳，促进体能的恢复，从而确保第二天的正常工作与培训，为运动员运动成绩的稳定提高打下基础。

第三节　营养学的发展

当今世界的营养问题，按经济与社会发展状况分为两类，一类是贫困、灾荒导致粮食短缺，造成民众营养不良、营养缺乏症发病率较高；另一类是营养过剩导致的肥胖症、高血压、冠心病、糖尿病等慢性疾病，严重影响身体健康和寿命。

一、国外营养学的发展

不论发达国家还是发展中国家，均十分重视对国民进行营养教育，普及食物营养知识。发达国家已把国民营养教育列入了政府工作范围。美国和日本等国都规定了医院、幼儿园、食堂、餐馆及食品加工工厂等，一定要设置营养师，承担膳食营养或者为患者开具营养处方的工作等，不少高校还有营养学系、食品工程系等。一些国家还专门建立了营养研究所，专攻营养学。在某些发达国家，居民可以享受专业的营养咨询服务，如从营养师那里获得健康饮食指导、营养食谱的拟定、营养素的补充、健康食品的消费引导等，形成就业和市场需求大产业链。

日本于1947年已认识到营养对于青少年健康成长的作用，对于国家前途命运的重大意义，出台了《营养师法》，并在1948年发布了《营养师法实施规则》，1952年再次制定和实施《营养改善法》。随着经济实力的不断增长，人们生活水平不断提高，对于食品的需求也日益多样化、优质化。日本的法律规定，为100人以上供餐的食堂须有至少一名营养师，每天用餐人数达750人时，或者每次用餐300人以上时，还需要增加主管营养师。学校作为供中小学生用餐的场所之一，也应该配备专业营养师，并建立相应制度。学校供餐法要求，凡义务教育阶段的学校，均应由营养师负责供餐管理，该校营养师有责任对学生的营养状况进行监控，规定膳食食谱，并监督生产，由营养师按标准配置，并指定饭量。同时，要求各学校建立专职营养学教师队伍，并按一定年限进行培训。营养立法为营养师提供教育、培训、评估，保证学校、医院、单位职工食堂和饭店均配备有资质的营养师，同时还要求厨师必须具有一定的营养学知识。在日本一亿多人口中营养师总数已达40万，相当于各科室临床医生总人数的2.4倍以上，现有200余所学校专门培养营养人才，营养师占全国人口1/300。当前日本以营养立法的方式确立营养师制度，以期达到提高国民体质的目的。

美国营养科学较为发达，早在1946年就已出台了《国家学校午餐法》，1966年颁布了《儿童营养法》。美国政府十分重视国民营养教育、食物营养知识的普及和对营养师的训练。美国大学提供食品和营养学课程。为了与营养师合作，美国食品药品监督管理局（FDA）作出硬性法律规定：一切食品、营养品均需要在食品标签中对食品中含有的营养成分进行详细描述，如能量、蛋白质和矿物质。

近年来，在发达国家食品工业中设立营养师已是一种普遍做法，食品均向营养设计的方向发展，为了增加食品的营养价值，以精致加工为主。

二、我国营养学的发展

我国从有文字记载的历史开始就有了关于营养学的论述。如写于两千多年前的中医古籍《黄帝内经·素问》中就有关于养生方面的营养知识，即"五谷为养，五果为助，五畜为益，五菜为充"等膳食营养的理论。我国古代强调"医食同源""药食同用"的思想，并赋予食物"四性""五味"，建立了独特的中国饮食保健学理论等。对营养学用近代科学技术手段进行研究还是在中华人民共和国成立以后。

中华人民共和国成立初期，国家设置了营养科研机构，培养了专业人才，开展了对粗细粮消化率和儿童代乳品的研究。1956年创办了《营养学报》杂志。1959年我国进行了第一次全国性营养调查，掌握了全国人民的营养状况。1963年，中华医学会营养学会提出了中华人民共和国成立后的第一个营养素供给量的建议。

党的十一届三中全会以后，创建了中国营养学会，复刊了《营养学报》，在医药院校和一些中等职业学校恢复和开设了营养学、食品营养与卫生课程。1988年10月，中国营养学会对推荐的每日膳食中营养素供给量进行了修订。1991年，中国预防医学科学院营养与食品卫生研究所编制了一本具有现代科学水平和营养学水平的新的《食物成分表》。1993年2月，国务院审议通过了《九十年代中国食物结构改革与发展纲要》，这是我国第一个由中央政府颁布的有关食物营养方面的文件，是一部指导我国食物生产与消费的纲领性文件。1992年全国营养调查结果表明：我国人均热能日摄入量为2 328 kcal，蛋白质为68 g，脂类为58 g，达到基本满足营养需要的水平。但与发达国家和地区相比，我国仍存在许多不足和营养问题。首先，我国居民的预期寿命低于发达地区；其次，我国居民优质蛋白质的摄入量较低；再次，城乡消费水平差距大，不同地区经济发展的不平衡和营养知识的不足，造成营养不良、营养过剩或不平衡等营养问题。以上几点是我国改善食物结构的关键所在。《九十年代中国食物结构改革与发展纲要》中向我国居民推荐了40字膳食指南：食物要多样，粗细要搭配，三餐要合理，饥饱要适当，甜食不宜多，油脂要适量，饮酒要节制，食盐要限量。促使我国的食物生产和消费朝着科学卫生、营养合理的方向发展。

1997年4月，中国营养学会公布了《中国居民膳食指南》，目的是改善饮食结构和营养状况，推广合理膳食和健康的生活方式。1997年12月，国务院颁布了《中国营养改善行动计划》，这是我国政府响应世界首次营养大会的具体行动：1992年12月在罗马召开的全球性部长级会议，通过了《世界营养宣言》《世界营养行动计划》。针对当时我国城乡食物消费正处于温饱型向小康型过渡时期，制定合理营养政策，调整食物结构，正确引导食物生产和消费，促进我国经济的发展和社会的进步是很有必要的。《世界营养行动计划》中规定：全国人均热能供给量为2 600 kcal/d，蛋白质为72 g/d，贫困地区人均热量为2 600 kcal/d，蛋白质为67 g/d。《世界营养行动计划》注重对儿童、妇女、残疾人、老年人及低收入人群的营养改善工作，并将营养与食品卫生纳入法治建设中。这些工作和措施为我国营养学和营养事业的发展奠定了坚实的基础。

随着社会的进步和科学技术的发展，国内外对营养学的研究已经进入分子生物学水平。如人类基因组的工作草图已绘制完成，这是人类科学史上又一里程碑式的创举，为进一步探索生命的奥秘和衰老过程提供了理论基础。

经过多年研究，对营养物质的生理作用又有了进一步的认识。例如：不饱和脂肪酸对心血管疾病的预防与治疗作用；维生素 A、维生素 C、维生素 E 的抗衰作用；对于锌、硒、氟的生理作用及其毒性有了较清楚的了解。

我国于 2000 年 10 月公布的《中国居民膳食营养素参考摄入量》，为今后指导我国居民安全地摄取各种营养素与合理膳食提供了理论依据。

改革开放 40 多年来，我国城乡居民的膳食状况有了明显的改善，儿童和青少年的平均身高和体重都有增长，营养不良患病率降低；居民营养知识水平明显提高，营养过剩和不平衡现象有所减少。2022 年，中国营养学会发布了《中国居民膳食指南（2022）》，本指南由 2 岁以上大众膳食指南、特定群体膳食指南、平衡膳食模式和膳食指南编写说明三个部分组成，覆盖人群为 2 岁以上健康人群，另补充特别关注的九类人群，包括婴幼儿、儿童青少年、老年人和素食人群等。

第二章 营养素基础

营养素是指具有营养功能的物质，本章主要介绍了营养素基础，主要从七个方面进行了阐述，分别是能量、蛋白质、脂类、碳水化合物、矿物质、维生素和水。

第一节 能量

能量过去称为"热能"或"热量"。人类生命活动每时每刻都离不开能量供应。身体就像一台不停运转的机器，使心脏每分钟跳动70次左右，让约4 000 mL的血液昼夜循环，将血液里的营养输送到身体的各个部位；要控制血压和脉搏以保证人体生理机能正常运转；保持肺脏内每分钟16次气体交换，吸入氧气，呼出二氧化碳；要维持肾脏功能，保证排出大量废物；保持消化器官正常运转也是非常必要的，将食品中的营养素分解到可以被吸收的程度；必须保持身体内千百种化学反应的进行，时刻修复和更新器官组织；保持血液流动速度正常，保证足够的氧供给；保持体温在37℃左右；保持肌肉收缩与舒张，使其顺利开展各项工作与运动；要完成复杂而又繁重的动作，如攀登、游泳等，毫无例外，在进行这类活动时能量供应是必需的。没有充沛的精力，人体各营养素亦难以发挥其应有功能。

人体所需的能量来源于食物。食物在体内通过生物氧化释放出能量，并借助高能磷酸化合物，主要是通过三磷酸腺苷（ATP）将能量以化学能的形式储存起来，三磷酸腺苷是机体直接的能量来源。为了与工业上的能源有所区别，营养学上常常把"能量"称为"热能"。

食品中含有能量的成分主要有碳水化合物、脂肪、蛋白质，它们合称产能营养素。三种产能营养素各有特点，其中以碳水化合物最为重要。

一、能量单位

营养学上能量的量度单位惯用卡（cal）或千卡（kcal）表示。1 cal 是 1 g 水由 15℃上升至 16℃所吸收的热量，卡的 1 000 倍是千卡。"卡"这个单位对于人类能量的消耗来说太小，故常用单位是千卡。目前国际法定能量单位是焦耳（J），1 J 是 1 kg 的物体以 1 N 的力移动 1 m 所消耗的能量，焦耳的 1 000 倍为千焦耳（kJ），1 000 kJ 称为兆焦耳（MJ）。千卡与千焦耳及兆焦耳的换算关系为：1 kcal 等于 4.184 kJ；1 kJ 等于 0.239 kcal；1 MJ 等于 239 kcal。

在营养学上，仍习惯用千卡作为能量单位。

二、产能营养素和能量系数

人体所需的能量主要来源于食品中碳水化合物、脂肪、蛋白质。这三种营养素在体内多种酶的催化作用下，经过一系列生物化学反应，逐步分解，释放出其中蕴藏的能量。因此，这三种营养素又称为"产能营养素"。产能营养素体内氧化过程和体外燃烧具有相似性，但是因为它们的最终产物是各不相同的，因此所放出的能量并不是完全一样的。

三、人体的能量消耗

人体能量消耗由基础代谢、体力活动、食物特殊动力作用三个方面构成。对于孕妇和乳母来说，还包括组织储存和哺乳所需能量；对于婴幼儿和儿童来说，则包括生长发育所需能量。

（一）基础代谢及其影响因素

1. 基础代谢

基本代谢是维持人体基本生命活动的能量，也就是在没有体力活动、没有紧张思维活动、全身肌肉放松、消化系统静止时，用于维持人体体温和必要的生理功能（呼吸、循环、排泄、腺体分泌、神经活动及肌肉紧张程度）所需的能量。基础代谢的测定应在清晨、空腹、静卧及清醒状态下进行，室温保持在 18℃～25℃。

研究结果表明，人体基础代谢的高低虽与体重有关，但并不成比例关系，而与体表面积成正比。所以，单位时间内人体单位体表面积所消耗的基础代谢的能量被称为基础代谢率。

2. 基础代谢的影响因素

基础代谢受如下诸方面的因素影响。

（1）体表面积与体型。基础代谢随体表面积增大而增加。体表面积大者向外环境散热较快，基础代谢亦较强。同体重的人，瘦高者比矮胖者的体表面积相对较大，其基础代谢亦较高。另一个原因是，肥胖者的脂肪较多，瘦体质较少，而脂肪组织在代谢中耗能低于瘦体质。

（2）年龄。婴幼儿生长发育快，基础代谢高，随着年龄增长基础代谢逐渐下降。成年以后基础代谢率每10年约降低2%。故成年人基础代谢率比儿童低，老年人又低于成年人。

（3）性别。女性基础代谢比男性约低5%～10%，即使在相同身高和体重的情况下亦是如此，因为女性的瘦体质相对低于男性。妇女孕期基础代谢率有所增加，这与胎盘、子宫、胎儿发育，以及呼吸、心跳增加有关。

（4）内分泌因素。许多内分泌激素都可对细胞代谢起调节作用，如甲状腺激素、肾上腺素等。

（5）气温。炎热或寒冷都可以使基础代谢水平升高。

（二）体力活动

人们在睡眠之外，需要从事各种各样的活动或者工作。一般来说，人体在各项体力活动中消耗的能量大约占全身总能量的15%～30%。体力活动是影响人体能量消耗的主要因素，而人们又可以通过体力活动来控制能量消耗，保持能量平衡，维持身体健康。

因此体力活动是维持能量代谢平衡所必需的因素之一，而非影响人体能量消耗的因素。体力活动通常分职业活动、社会活动、家务活动与休闲活动等，在这些活动中，职业活动所耗费的精力相差最悬殊。

体力活动所消耗能量的多少与以下因素有关：

（1）肌肉越发达者，活动时消耗能量越多。

（2）体重越重者，做相同运动所消耗的能量越多。

（3）活动时间越长、强度越大，消耗能量越多。

（4）劳动熟练程度越高，消耗能量越少。

（三）食物特殊动力作用

食物特殊动力作用又称"食物热效应"。人体进食时，由于要对食物中营养素进行消化吸收和代谢转运，需另外耗能，还可使体温上升，散发热量。因此，当体内有足够热能供给时就能维持正常生理活动并保持机体健康。这种由于摄食而产生的附加能量消耗，叫作食物热效应（或者食物特殊动力作用）。食物热效应通过影响食欲、胃肠运动及胃肠道功能来间接地影响机体的代谢率。食物的热效应约于进食后2 h达到峰值，3 h~4 h后，恢复正常。

不同产能营养素对食物热效应的影响存在一定的差异，碳水化合物对热量的影响相当于自身所产生的5%~6%的能量、4%~5%的脂肪和30%的蛋白质。因此，在热量摄入相同的条件下，应根据不同类型的食品来确定合理膳食结构。食物的热效应和食物成分、进食量与进食频率有一定的关系。其中，以蛋白质影响最大，而碳水化合物次之，油脂最低。通常情况下，富含蛋白质的食品是最多的，其次是碳水化合物含量丰富的食品，最后是脂肪含量丰富的食品。热量来源主要来自食品中淀粉、糖类及油脂等物质代谢过程所放出的热能，其中又以葡萄糖的代谢能最大。混合性食物对食物的热效应约占食物总能量的10%。合理安排饮食结构，热量就能得到充分的利用，并减少不必要的能量消耗。摄食量愈多，能量消耗愈多；相反，如果只摄入含有较少热量和水分的食物，则热能损失最小。进食快的人的食物热效应高于进食慢的人。

（四）生长发育

婴幼儿、儿童和青少年在生长发育过程中都需要能量供应，主要是指机体生长发育过程中新的组织形成所需的各种能量和新组织新陈代谢所需的活力。人体能量消耗与营养水平密切相关。婴儿体重每增1 g大约需要20.9 kJ（5 kcal）。新生儿出生时体内没有储存足够的热能。孕妇的子宫、乳房、胎盘，胎儿生长发育和体脂储备都离不开能量，乳母在合成、分泌乳汁时，还需补充更多的能量。

（五）影响能量消耗的其他因素

精神紧张和应激状态会使能量消耗加大，当处于高度应激时基础代谢会升高25%。

寒冷会增加能量消耗的增多，在高温（30℃～40℃）时能量消耗亦有所增加，由30℃～40℃时每增加1℃，能量消耗提高0.5%左右。这是因为温度对人体机能影响较大，当机体处于低温状态时，体温调节中枢功能减弱，新陈代谢减慢，因而引起能量耗竭和蛋白质分解减少，同时导致血液中葡萄糖浓度下降。但是，热带地区适应者在基础代谢方面低于寒带地区人群。

四、能量消耗的测定

测定人体能量消耗的意义，是为合理供给能量提供依据。能量消耗的测定方法很多，可根据不同研究目的和具体条件选择。

（一）直接测热法

直接测热法是直接收集和测量人体所散发的全部热能的方法。通过测人体表面与被测试体之间的温度差来测定人体体表散热系数。被试者在房间里做着各种各样的运动，借用室外水管中循环水数量和温度差，计算一段时间内机体向外发出的热。此种方法虽然精确，但需要特殊的装备及人力，而且也不适合复杂的现场测定，因此一般较少使用。

（二）间接测热法

间接测热法又称"气体代谢法"，它的基本原理是测定人体单位时间内的耗氧量和二氧化碳排出量，根据呼吸商推算出消耗的能量。间接测热法可分为开放式和闭合式两种。

1. 开放式

开放式间接测热法适用于测定运动时的能量消耗。其具体步骤是：先用气袋收集受试者运动过程中的呼出气，分析其中氧和二氧化碳的容积百分比，从而计算出受试者在单位时间内的耗氧量和二氧化碳产生量，以求出呼吸商，再根据呼吸商查出相应的氧热价，将该氧热价乘以单位时间内的耗氧量，得出产热量。某项运动的净耗能量应等于运动过程中（运动时间和恢复期时间）的总耗能量减去相应时间的静息耗能量。凡是运动时间短（几秒钟），运动当时基本上处于闭气状态的运动项目，在测定热能消耗时，可以不收集运动时的呼出气体，运动时的能耗完全以恢复期所消耗的能量计算。

2. 闭合式

闭合式间接测热法适用于测定基础代谢率和静息代谢率。其具体步骤是：受试者从闭合装置中摄取氧，根据闭合装置中氧量减少的情况得出受试者单位时间内的耗氧量，将耗氧量与 4.825 kcal（人体在静息状态下消耗的食物为混合食物，其呼吸商一般为 0.82，氧热价为 4.825 kcal）相乘即得出基础代谢率或静息代谢率。

目前，已有全自动精密气体代谢测定仪问世，能自动分析气样和测出气体体积。有学者试图用心率间接推算出运动时的能量消耗，但由于心率的个体差异较大，影响因素较多，故准确性较低。随着研究的不断深入，测试仪器和手段将日趋完善。

（三）生活观察法

生活观察法是详细观察和记录受试者在一天（24 h）中各种活动的内容及时间，然后将各项活动的能量消耗率乘以从事该活动所占用的时间，将 24 h 内各项活动的能量消耗量相加，得出一天的能量消耗。在此基础上再加上 10% 的食物特殊动力作用所消耗的能量，就是一天的能量需要量。

采用观察法观察的天数越多，代表性越强，偏差也越小。例如，某人一星期休息 2 天，工作 5 天，就应将 7 天消耗的能量相加，再算出每天能量消耗的平均值。观察法简单易行，但要求受试者密切配合，各项活动应计时准确，否则会影响测试结果。

（四）体重平衡法

体重平衡法仅对健康的成年人有效。在正常情况下，人体各组织器官的新陈代谢是同步进行的。健康的身体具有保持能量平衡的调节机制,让能量摄入和消耗相协调,体重维持相对均衡。这样,就可以精确地计算出一定时期(连续15天以上)摄入食物的能量,并对这段时间内开始和结束时的体重进行测定。按体重变化,以每克(g)的重量等于33.48 kJ的能量来计算,即可以得到这段时间内能量消耗情况。例如,某人在15天测试期的始末,体重分别为60 kg与61.5 kg,平均每天增加体重100 g;测试期内平均每天摄入食物能量15 066 kJ。每天增加体重100 g,说明摄入的能量比消耗的能量多3 348 kJ(100×33.48 kJ)。因此,此人每天实际消耗能量为11 718 kJ(15 066 kJ–3 348 kJ)。

常测体重是监控能量平衡与否最便捷的手段。体重不变或者等于标准体重的,表明该时段的能量摄入均衡,也就是摄入量与消耗量基本持平。通常体重增加,则表示能量摄入多于消耗,多余能量会以脂肪方式堆积在体内。相反地,若体重增加缓慢或不明显,则表明能量的摄入与消耗基本相等,而能量处于一种相对不足的状态。若体重下降,则表明能量摄入在较长时间内小于消耗,因而只能用体内脂肪来提供人体所需能量。

(五)估计法

测定能量消耗最简便的方法是估计法,此法是根据受试者的劳动级别查膳食营养素参考摄入量,得出其每日能量需要量。例如,男性轻体力劳动者的每日能量需要量为2 400 kcal。此外,还可用膳食调查来计算能量消耗。

五、能量平衡

机体消耗的能量必须由食物供应,使机体能量消耗与能量摄入趋于相等,营养学上将其称为能量平衡。能量平衡并不是要求一个人每天消耗的能量与摄入能量都必须相等,而是要求成人在5~7天内消耗的能量与摄入能量趋于相等。如果一个人长时间能量消耗量大于能量摄入量,则会引起体重减轻,身体消瘦;反之,则导致脂肪堆积,身体超重甚至肥胖。身体超重和肥胖会不同程度地有损身体健康。不过对于青少年来说,能量摄入应该略高于能量消耗,才能保证正常的生长发育。

机体能量失衡，首先表现为体重的改变，进而会发展到身体机能下降、影响身体健康、诱发疾病等，甚至会缩短寿命。人体内消耗的能量主要是从食物中摄取，而蛋白质和脂肪等营养物质也需要从食物中获得。因此，能量过多和过少均会损害人体健康。

（一）能量过多的危害

能量摄入过多，多余的能量就会转化为脂肪储存在体内，导致体重增加，引起肥胖，这种现象被称为肥胖症或超重症。肥胖不利于身体健康，因为肥胖时，大量的脂肪堆积在皮下和内脏周围。人体中的脂肪组织主要由肝合成并贮存于肝外系统。若肝脏内沉积了大量的脂肪，容易引起脂肪肝，肝脏多种重要生理功能均会受其影响；若脂肪组织过多地分布于皮下脂肪层或腹膜后脂肪层中，则可引起腹部疼痛、胀气及消化不良等症状。如果腹腔内、肠系膜内，脂肪积聚在大网膜及胸壁，限制膈肌的运动，导致胸腔容积缩小，会妨碍呼吸与气体交换；如果脂肪组织过多，则可导致高血压、冠心病和糖尿病等慢性疾病，甚至危及生命。如心包内脂肪增加，对心脏造成压迫，会影响血液回流，易疲劳，无法承受繁重的体力活动，并常有头痛、头昏、心悸、胃胀之感。另外，由于脂肪组织内存在着一种叫"脂联素"的物质，它能够使胆固醇的合成增加而引起动脉硬化，因此肥胖是引发多种心血管疾病的危险因素之一。肥胖也会导致身体的脂代谢紊乱，导致血脂过高，容易出现动脉粥样硬化的情况，因此，很多疾病都与肥胖有关。研究显示，肥胖者患冠心病的人数约为正常人的5倍，高血压的发病率是正常人的2倍～3倍。同时，肥胖容易导致高血脂、高胆固醇血症、高血糖及脂肪肝。肥胖还容易导致糖尿病并发症、胆石症、胰腺炎与骨关节病等。

（二）能量不足的危害

当能量摄入不足时，贮存在体内的脂肪、糖原将首先被利用，甚至体内的蛋白质也会被用以供能，致使肌力下降。如果能量摄入过多，会增加热量消耗，造成能量代谢障碍，容易出现消瘦、贫血等症状。长时间的能量摄入不足，会影响人体对蛋白质的消化吸收，使机体蛋白质不足，导致营养不良。

导致能量不平衡的因素主要有两个方面，即饮食和运动。食物和药物等因素对人体的影响主要在于它们本身所含营养物质在体内不能被完全吸收利用，而必须从外界摄取足够热量来满足机体需要。从个体来讲，可表现为摄入能量过多或过少，还可表现为缺乏锻炼或过度锻炼。另外，有些疾病还会导致能量代谢的失衡。因此，在日常生活中，应根据自身情况选择适当的运动量和适宜的食物种类，做到营养均衡，合理膳食。要避免因能量摄入过多或过少而给身体带来伤害，注意能量的平衡，积极参与体育锻炼。要合理饮食，在膳食上要做到科学搭配，营养丰富。定时观察体重的变化，也可测皮脂厚度，及时调整能量状态，维持能量摄入与消耗之间的动态平衡。

第二节　蛋白质

蛋白质的英文是"protein"，源于希腊语"proteios"，意为"第一重要的"。蛋白质又称为"生物大分子"，它由氨基酸组成。所有生命诞生，无论是存活还是死亡，都离不开蛋白质的作用。人类从胚胎发育到衰老，每一个过程都离不开蛋白质。蛋白质为所有细胞组织提供了物质基础。在生物有机体中，细胞内物质的代谢活动必须依靠蛋白质来进行。生命离不开蛋白质。因此，在人类社会发展进程中，蛋白质起着举足轻重的作用。恩格斯对生命和蛋白质的关系曾经有过精辟的概括："生命是蛋白质的存在方式"，足以说明蛋白质在生命中的重要性。

一、蛋白质的组成

蛋白质是具有十分复杂化学结构的一类有机化合物，其基本成分为碳、氢、氧、氮四种元素。一些蛋白质中还有硫、磷、铁、碘及其他元素。与碳水化合物和脂肪相比，蛋白质的元素组成的最大特点是含氮。脂肪和碳水化合物在体内可以互相转化，而含氮的蛋白质必须直接从食物摄取。尽管不同蛋白质的分子大小可相差几千倍，但是它们氮含量相对不变，在 16 % 左右。因此，人们通常把食物的氮含量称为蛋白质含量。通过化学方法测得食物中含氮量，然后乘以 6.25（100 ÷ 16 = 6.25），则可获得这种食品中蛋白质含量。因此，通过测量食品的氮含量就能计算出它的蛋白质含量了。

二、必需氨基酸和非必需氨基酸

构成蛋白质最基本的单位就是氨基酸。这些氨基酸按一定规律排列组合成一个庞大而复杂的体系,叫作蛋白质。无论是人体,还是自然界,共有20余种氨基酸。这20余种氨基酸,可以组成类型多样、千差万别的蛋白质。它们不但在化学结构上有差异,生理功能亦不同。

人体所需蛋白质,其实就是对氨基酸的需求。人体内所需的氨基酸种类繁多,数量极大,但主要来自饮食供给。食物里的蛋白质,在胃肠道消化,分解为氨基酸才可吸收。因此,任何一种物质都不能代替人体内所有氨基酸,而只能补充其中的一小部分。人体从食物中得到多种氨基酸之后,以用其合成独特蛋白质。

(一)必需氨基酸和非必需氨基酸

1. 必需氨基酸

必需氨基酸指某些机体本身无法合成,或者合成的速度不适应机体需要的氨基酸,且须由食物得到的氨基酸。它们主要存在于各种动物体内。这类氨基酸对成人来说有8种,即赖氨酸、蛋氨酸、亮氨酸、异亮氨酸、苏氨酸、缬氨酸、色氨酸与苯丙氨酸。对婴儿而言,组氨酸同样是一种必需氨基酸。

2. 非必需氨基酸

非必需氨基酸含量高,包括丙氨酸、精氨酸、天门冬氨酸、胱氨酸、脯氨酸和酪氨酸等。由于人和动物体内存在着大量的非必需氨基酸,因此人们往往把这些氨基酸称为非必需氨基酸。"非必需"主要指的是,人体需要这些氨基酸的存在,但人体可由自己合成,也可由其他氨基酸转化获得,未必由食物摄入。在人体内有一些非必需氨基酸是必需的。一些非必需氨基酸摄入情况,也会对必需氨基酸的需求量产生影响。在某些情况下,如果饮食中过多地摄入非必需氨基酸,会引起营养不良。比如,在膳食中胱氨酸、酪氨酸充足的情况下,可以单独节约蛋氨酸、苯丙氨酸需求。反之,当膳食中缺少这两种氨基酸时,则会使蛋白质代谢紊乱而引发一系列疾病。

（二）必需氨基酸的需要量

人体对蛋白质的需求，其实就是对氨基酸的需求，特别是对必需氨基酸的需求。由于各种原因必需氨基酸不能完全满足机体的需要时，机体就会产生一些生理上或病理上供能不足的现象。蛋白质和必需氨基酸的需要量[按体重（kg）计算]随年龄的增长而下降，其中必需氨基酸减少更为显著。

（三）氨基酸模式和限制氨基酸

机体在蛋白质代谢过程中，一般以含量最少的一种氨基酸为基点，按比例利用其他各种氨基酸来合成组织蛋白质。因此，膳食蛋白质中某一种氨基酸过多或过少都会影响其他氨基酸的利用。膳食蛋白质中必需氨基酸既要在数量上满足机体的需要，又要在相互比例上符合机体的要求。

所谓氨基酸模式，指某一种蛋白质各必需氨基酸组成所占比例。它是评价蛋白质质量和营养状态的一项重要指标。计算方法如下：测定该蛋白质色氨酸含量为1，分别计算其他必需氨基酸的对应比值，此系列比值即为此蛋白质之氨基酸模式。不同种类的食物蛋白质氨基酸模式存在一定差异，但基本趋势相同。食品蛋白质的氨基酸形态越接近人体蛋白质，必需氨基酸在体内利用得越多，食物中蛋白质营养价值亦愈高。

绝大部分动物蛋白质及大豆蛋白质中必需氨基酸品种繁多，含量更接近于人体蛋白质，人们常把这些蛋白质叫作优质蛋白质，也称完全蛋白质。鸡蛋是一种高蛋白食品，含有大量的游离赖氨酸、蛋氨酸等各种必需氨基酸。鸡蛋的蛋白质和人体蛋白质的氨基酸模式最为接近，实验中常常将其用作参考蛋白质。

食物蛋白质的某种或某些必需氨基酸的相对含量偏低，使得体内其他必需氨基酸得不到充分利用，造成浪费，导致其蛋白质的营养价值下降，这些蛋白质的含量是比较少的，相对于理想氨基酸模式而言，最感到缺乏的必需氨基酸叫作限制氨基酸。其中，含量最低的称为第一限制氨基酸，以此类推。正是这些限制氨基酸严重影响了机体对蛋白质的利用，降低了蛋白质的质量。植物性蛋白质往往相对缺乏赖氨酸、蛋氨酸、苏氨酸、色氨酸等必需氨基酸，所以营养价值相对较低，如大米和面粉蛋白质中赖氨酸含量较少。

增加植物性蛋白质营养价值，常把两种或两种以上的食品混食，并实现以多补少，增加膳食蛋白质营养价值的目的。这种营养平衡是由不同种类、成分及含量的各种营养素相互协同作用的结果，其中包括了某些特殊氨基酸对人体健康的有益影响，即所谓的生物活性蛋白。这几种蛋白质含量丰富的食品混在一起吃，食物中的必需氨基酸可以相互补充，使之向理想氨基酸模式靠拢，由此增加食物营养价值的功能，称为蛋白质互补功能。如大豆、小麦、玉米等都是以不同比例与其他几种作物进行配餐，通过动物消化后产生的各种营养成分相互补充。比如，大豆制品与米面一起吃，大豆蛋白质能弥补米面蛋白质赖氨酸含量不足的缺点，米面还能不同程度地补充大豆蛋白质蛋氨酸含量的缺乏，从而达到相辅相成的效果。

三、蛋白质的分类

蛋白质可按照其营养价值分为三类：完全蛋白质、半完全蛋白质和不完全蛋白质。

（一）完全蛋白质

完全蛋白质中含有的必需氨基酸品种齐全，量大面广，配比适宜。它们不仅是机体正常生理代谢过程所需，而且能提高动物或植物体内某些酶的活性。这种蛋白质在人体中利用率很高，不仅能保持成年人身体健康，也能促进儿童生长发育。目前国际上普遍使用"全蛋白"这个术语来衡量食品或饲料质量的优劣。这种蛋白质又叫"优质蛋白质"，主要包括牛奶、鸡蛋、鱼类、肉用蛋白质及大豆蛋白质。

（二）半完全蛋白质

半完全蛋白质中含有的必需氨基酸，尽管品种繁多，但是这些氨基酸的含量与人体所需的数量差异较大。因此，它们在人体内必须经过水解才能合成相应的蛋白质来满足人体需要。尽管这种蛋白质能够维持生命，但对生长发育无促进作用，故称为半完全蛋白质。半完全蛋白质在食品加工和医学上都有广泛的应用前景。限制氨基酸在食品和饲料工业上应用广泛。以小麦为例，麦胶蛋白则属半完全蛋白质，这些限制氨基酸包括赖氨酸。

（三）不完全蛋白质

不完全蛋白质尽管能提供一些氨基酸，但其所含必需氨基酸类型不全，既不能促进生长发育，也无法维持生命活动。因此，人们通常用它作为食品添加剂来改善其营养价值。比如，玉米里的胶蛋白、肉皮里的明胶蛋白就属这一类。

四、蛋白质的消化与吸收

蛋白质是先从胃里开始消化的，胃液内胃蛋白酶能催化蛋白质水解，产生肽、胨。游离酶主要存在于十二指肠黏膜细胞及空肠内容物中。胨入小肠后被胰液及肠液内蛋白酶逐渐水解为肽，最终水解为氨基酸。

氨基酸由小肠上部黏膜细胞吸收。黏膜细胞表面有一种载体，这种载体在黏膜上皮细胞外表面与氨基酸结合，然后穿过细胞膜到达细胞表面，把氨基酸释放到细胞内，载体又重新回到外表面进行另一个氨基酸转运。氨基酸与载体结合或分离均需要特异的酶来催化，转运过程需要消耗能量。这种转运过程称为主动转运或主动吸收。被吸收的氨基酸经门静脉进入肝脏，再经血液循环输送到身体各组织。

氨基酸在小肠黏膜细胞内的运输过程有三个主动运输系统，单独转运中性、酸性与碱性氨基酸。它们可以被肠上皮细胞摄取并参与其代谢过程，但不同种类的蛋白质对这三个运输途径的影响存在差异。结构类似的氨基酸，采用同一转运系统，它们之间存在竞争机制，其竞争结果是含量越高，氨基酸吸收量越大，从而确保肠道能够按照一定的比例摄取食品中的氨基酸。因此，当摄入大量的必需氨基酸时，可以提高人体对某些营养素的利用率，但同时也增加了一些非必需氨基酸的摄入量。若膳食中某种氨基酸含量过高，会造成使用同一种转运系统的其他氨基酸吸收减少。因此，选择适当数量的必需氨基酸作为营养素对动物生长至关重要。亮氨酸、异亮氨酸及缬氨酸具有共同的转运系统，如果食品中的亮氨酸含量过高，异亮氨酸、缬氨酸的吸收量则降低，导致食物蛋白质营养价值降低。例如，高粱、玉米中过多的亮氨酸可影响结构相似的异亮氨酸的利用，从而影响食物蛋白质的营养价值。氨基酸的平衡问题在对食物进行营养强化时尤为重要。

五、蛋白质的生理功能

（一）构成机体组织

蛋白质在组织细胞中起着举足轻重的作用，成年人的蛋白质含量平均在18%左右，仅次于水，其中1/2分布在肌肉、1/5在骨和软骨中、1/10在皮肤中，其余部分分布于其他组织及体液中。如表2-2-1所示，除了脂肪、骨骼之外，其他组织蛋白质含量，较碳水化合物及脂类高，蛋白质是组成各类组织最重要的有机成分。因此，蛋白质是维持生命活动所必需的营养物质之一。三大营养素之中，在人体组织中，蛋白质是最重要的氮源，有着极其重要的生理意义，它既是碳水化合物又是脂肪，无可取代。细胞是由蛋白质、脂肪、碳水化合物联合构成的胶体系统，若蛋白质长期不足，该胶体系统将被破坏，细胞则被破坏甚至消亡。总之，蛋白质是人体不可缺少的成分。训练期间，运动员通过合成新的蛋白质使体力增强。

表2-2-1 成年人体化学组成成分（%）

器官组织	占体重（%）	水	蛋白质	脂类	糖类	矿物质
肌肉	40	70	22	7	微量	1.0
骨骼	18	23	20	25	微量	26.0
血液	8	79	20	<1	微量	微量
皮肤	6	57	27	14	微量	0.6
神经	3	75	12	12	微量	微量
肝	2.5	71	22	3	变动	1.4
心	0.5	63	17	16	微量	0.6
脂肪	11	23	6	72	微量	微量
完整人体	00	59	18	18	微量	4

（二）调节生理功能

1. 促进体内各种生理生化过程的进行

机体内一切合成与分解代谢均依赖酶促反应及激素调节，酶及多种激素的实质是蛋白质或者多肽。例如：调节血糖的胰岛素是一种蛋白质，能促进葡萄糖变为糖原，使血糖浓度下降；调节磷、钙代谢的甲状旁腺素也是一种蛋白质；肾上腺素则是一种氨基酸的衍生物，能促进糖原分解，使血糖浓度上升。这些激素均是维持机体正常代谢不可缺少的物质。

2. 保证机体运动

骨骼肌中的肌球蛋白，在供能条件下收缩，进而引起肌肉收缩。肌球蛋白收缩是人体一切运动的基础。

3. 承担气体运输

人体细胞内的物质代谢需要不断地消耗氧气和排出二氧化碳，这些气体的运输主要依赖血液细胞中的血红蛋白，一旦气体运输受阻，代谢无法进行，生命即告停止。

4. 增强抗病能力

人体受到外界异体蛋白（免疫学称为抗原）侵袭时，体内能产生一种新的蛋白质（免疫学称为抗体），抗体能和抗原发生特异反应，如沉淀反应等，以消除异体蛋白的危害，这个过程称为免疫反应。抗体对防御疾病和外界病原的侵袭起着重要作用，所以蛋白质营养状况对机体抗病能力有重要的影响。

5. 维持体液平衡

正常人血浆和组织液之间水分不断交换并处于动态平衡状态。要保持这种动态平衡，有赖于血液中溶解的离子和分子浓度及血浆中蛋白质的浓度。

6. 维持血液酸碱平衡

血液具有健全的缓冲系统，而血液中蛋白质，尤其是红细胞内血红蛋白对血液有机缓冲系统起了决定性的作用。

7. 维持正常渗透压

人体内存在各种体液，如胸腔、腹腔、骨关节内存在的体液，以及细胞内外液和血液等。各种体液含有一定数量的蛋白质，可控制体液在细胞内的流动，控制水分的进出及其他物质的移动,维持正常的渗透压。

8.保持组织硬度和弹性

各种组织细胞所含的蛋白质都具有独特的功能。上皮组织蛋白质坚硬且具有不溶解性,可保持人体表面的正常形态,防御一定的损伤和促进伤口愈合,对毛发也具有保护功能。肌肉蛋白质具有弹性,使含水量75%以上的肌肉组织能维持一定的硬度和弹性。蛋白质能保持血管壁的弹性,对维持血压恒定起着重要的作用。

(三)提供能量

虽然蛋白质的主要功能不是供能,但如果碳水化合物、脂肪供能不足,以及摄入蛋白质过多或摄入蛋白质的氨基酸组成和比例不符合人体需要,氨基酸就会被氧化而释放能量。另外,人体的蛋白质也是新陈代谢的产物,部分陈旧破损组织细胞内蛋白质分解时,还会放出能量。这些蛋白质可以作为能源物质储存于组织内或从外界摄取。1 g蛋白质经体内生物氧化后,可释放出16.7 kJ(4.0 kcal)热量。

六、蛋白质的供给量与食物来源

人体内蛋白质储存量不大,在营养充足的情况下,可以贮存大约1%。当摄入不足或缺乏时,就会影响健康甚至死亡。但是,一个成年人一天需要更新300g以上的蛋白质,这些物质一部分源于体内蛋白质的分解和再合成,另一部分需要通过食物摄入。当蛋白质摄入过多时,不仅会影响健康,而且会对人体机能造成影响,所以日常一定要摄入适量的蛋白质,以适应机体需要。供给量不足可导致蛋白质的缺乏;过量,则可引起氮质血症或其他疾病。供给量过多时,通过肝脏分解成尿素和其他代谢产物排出体外,既是对蛋白质的浪费,还会加重肝、肾负担,不利于人体的健康。因此,合理摄入蛋白质是十分必要的。蛋白质的供给量须与体内氮平衡相适应,其主要受到两个方面的影响:第一,人的生理状况,如儿童、孕妇、乳母、伤病康复者及重体力劳动者等,他们的机体对蛋白质的需求量大。若供给过量,就会引起氮质血症或营养不良。第二,蛋白质的品质,摄取生物价高的蛋白质，需求量就小；反之，需求量就大，例如，婴儿在母乳喂养时，每日每公斤体重需要蛋白质 2 g，混合喂养时是 4g。因此，蛋白质摄入量是一个重要指标。蛋白质的需求量也是和能量相关的，在摄入能量不足的情况下，人体对蛋白质需求量增大。因此，蛋白质在维持人体生命活动中占有重要地位。如蛋白质多从蛋、奶等食物中摄取，供给量大约是每日每公斤体重需要 0.75g。若蛋白质来源充足，则每日摄入的食物中所需蛋白含量可适当减少。如果膳食主要是植物性食物，蛋白质质量差，供给量为每天每公斤体重 1.0～1.2 g。如果优质蛋白质（动物性蛋白质和大豆蛋白质）的摄入量能达到蛋白质摄入总量的 40%，则供给量可少于上述数字。蛋白质供给量也可按摄入的能量计算。在摄入能量得到满足的情况下，蛋白质能量应占总能量的 10%～14%，其中儿童和青少年应占 13%～14%，成人应占 10%～12%。

蛋白质来源于动物性食物和植物性食物。蛋白质含量高的食物包括动物肝脏、蛋、瘦肉、大豆和豆制品、奶和奶制品等；蛋白质含量中等的食物有米、面等谷类食物；瓜、果、蔬菜等的蛋白质含量很少；鱼类蛋白质含量为 10%～20%，蛋类蛋白质含量为 11%～20%，粮谷类蛋白质含量为 8%～10%，豆类蛋白质含量 20%～40%。因此，在动物性食品中，鱼和蛋占有重要地位。豆类在植物性食物中所含蛋白质最丰富，并含有大量的赖氨酸，对粮谷类蛋白质具有良好的补充作用。

七、蛋白质营养失调对人体的影响

蛋白质营养失调是由蛋白质缺乏与蛋白质过剩两部分组成的，它们会给人体健康带来不良影响。

蛋白质缺乏在成人及儿童中均有发生，但是在成长过程中，儿童更为敏感。随着人口的不断增加以及食物资源的匮乏，导致蛋白质－能量营养不良发病率逐年升高。据世界卫生组织估计，全球约有 500 万儿童患有蛋白质－能量营养不良，这些问题多是由贫困和饥饿造成的，主要发生于非洲、中美洲、南美洲、中东、中亚和南亚地区。这些地区由于缺少食物或热量不足造成严重贫血。蛋白质－能量营养不良有两种，一种称为 kwashiorker，源于加纳语，是一种能量摄入已基本满足需求但蛋白质严重缺乏的小儿营养性疾病，以腹部、腿部水肿为主症，体质虚弱，生长缓慢，表情冷漠，头发变色、变脆，易掉毛，容易发生其他疾病等。另一种叫 marasmus，本义是"消瘦"，是一种蛋白质与能量摄入都严重缺乏的小儿营养性疾病，患儿瘦弱、乏力，容易感染其他疾病导致死亡。目前认为，这种现象在婴幼儿期就已存在，只是程度不同而已。还有人认为，这两种营养不良在蛋白质 – 能量营养不良中属于两个时期。对于成年人而言，缺乏对蛋白质的摄取也会导致体力下降，身体浮肿和抗病力下降等。

蛋白质特别是动物性蛋白质的过多摄入，也会给身体带来同样的危害。因此，合理地摄入蛋白质，不仅可以满足机体正常生理需要，而且还能减少疾病的发生，延长寿命。首先，食用过多的动物性蛋白质势必要摄入更多的动物脂肪、胆固醇。其次，蛋白质摄入过多，会在代谢和排泄过程中加重肝、肾负担。另外，由于动物体内有许多合成蛋白的酶，如果不能及时补充这些酶，就容易导致营养不良。也由于肠道内的大量蛋白质为细菌所分解，生成大量的胺类对身体有害。动物性蛋白质中含有大量的硫氨基酸，能加快钙在骨骼中的流失，容易发生骨质疏松。

第三节 脂类

脂肪又称"脂类"，由碳、氢、氧三种元素组成，有时也含氮、硫、磷。脂类在自然界中分布极广。脂类有脂肪、类脂两种。脂肪是人体内重要的供能营养素之一，同时又是人体储能的主要物质。在维持正常生理功能过程中起着不可替代的作用。类脂以磷脂、糖脂与胆固醇为主，是组成细胞的材料，和蛋白质组成生物膜，同时在血液里形成脂蛋白。它们都属于脂质范畴。胆固醇也是人体内类固醇激素合成的一种物质。

脂类属于高能量物质，若摄取过多，容易造成超重、肥胖，肥胖的人容易患高血压、高脂血症、动脉硬化、糖尿病和胆道疾病。在我国居民中，由于长期食用植物油而引起的高甘油三酯血症已成为一种重要的代谢性疾病。流行病学调查显示，高脂肪膳食和肠癌、乳腺癌与其他发病率之间存在某种联系。食物中的脂溶性维生素含量较高，可促进蛋白质消化吸收，减少脂肪吸收。摄入脂肪酸类型、胆固醇含量多少等都和人体健康息息相关。目前，我国人群中存在着不同程度的高脂血症问题，所以合理补充脂类营养对预防疾病、保障健康具有十分重要的意义。

一、脂类的分类

脂类主要由脂肪与类脂两大类物质组成。脂类是指酸（羧酸或无机含氧酸）与醇起反应生成的一类有机化合物。脂肪又称"中性脂肪"，化学名为甘油三酯，它由一分子甘油、三分子脂肪酸组成；其中最重要的是磷脂和糖脂类，它们都有生物活性，能调节机体内各种酶系，参与体内多种代谢过程。类脂主要有磷脂、糖脂、固醇类和脂蛋白。这两种物质都存在于日常生活中的油脂之中。

需要注意的是，"脂类"与"脂肪"两个词的含义不同，脂肪属于脂类的一种。因为膳食脂类里大部分是中性脂肪，类脂含量偏少，因此通常说的"脂肪"包含中性脂肪与类脂。

（一）甘油三酯

体脂的主要组成成分就是甘油三酯，主要存在于皮下、腹腔、肌肉纤维与脏器附近。脂肪作为人体内一种能量过剩的存贮方式，在机体需要的情况下能够主动释放能量。由于甘油三酯容易受营养状况与机体活动情况的影响而发生改变，所以又被称为"可变脂"或"动脂"，大约在体脂比例中占95%。

（二）类脂

类脂，是指与油脂性质相似的一类物质，主要分布在细胞质及细胞膜上，是组成生物膜的基本组成元素，不因营养状况及机体活动而改变，故又名"定脂"，在体脂中约占5%，主要包括磷脂、糖脂、类固醇和固醇等。

1. 磷脂

磷脂就是含磷酸根、脂肪酸、甘油与氮的化合物，以卵磷脂、脑磷脂及神经磷脂等为主。这些物质广泛存在于动物体内。它们是生物膜与神经组织组成的主体，生物膜具有的流动性、通透性特性与之相关。磷脂可分为脂溶性磷脂和水溶性磷脂两大类。以卵磷脂最多，在磷脂总量中约为一半，广泛存在于各组织脏器，特别是大脑、精液、肾上腺及红细胞内，食物中的蛋类、肝脏及大豆中的含量也比较高，在脂类的转运及代谢过程中起着至关重要的作用，它还是合成脂蛋白的主要原料。脑磷脂则以其特有的结构及功能而被广泛用作食品添加剂。脑磷脂为脑细胞构成物质之一，在脑髓、血小板和其他部位均有分布。

2. 糖脂

糖脂就是含糖的脂肪、脂肪酸及神经鞘氨醇等化合物。它在中枢神经系统中起着重要作用。以脑苷脂、神经节苷脂为主，参与生物膜组成。在脑组织内含量丰富，并与多种疾病有关。其中，脑苷脂在脑白质内含量较高，在神经冲动传递过程中发挥作用。

3. 类固醇及固醇

固醇类为含环戊烷多氢菲化合物，类固醇是含游离羟基的物质，可以认为是一种高分子醇。它能与脂氧合酶结合，使脂质氧化分解产生大量自由基，破坏细胞膜结构，引起膜脂过氧化损伤而导致组织坏死。在生物膜中，类固醇及固醇占了很大一部分。

固醇有动物固醇与植物固醇之分。此外，固醇还具有调节体温、防止骨质疏松等作用。动物固醇主要以胆固醇为主，胆固醇是体细胞的构成成分，在大脑、神经组织及肾上腺中含量较多，在肝脏、肾及表皮组织中含量也较高，是由类固醇激素、胆汁酸、细胞膜和其他不可或缺的材料形成，与生物膜通透性、神经传导等因素相关，是人体所必需的营养物质，所以，一定要把它控制在一定的范围内。人体胆固醇多为人体自合成，称内源性胆固醇，其中90%是在肝脏及小肠组织中合成的，大部分在肝脏中合成，比例为85%；人体自身不能合成的胆固醇，只能通过摄取或注射一些药物来补充。一小部分来源于食物，称外源性胆固醇。由于胆固醇是人体不可缺少的物质之一，故膳食中要保证一定数量的含胆固醇食品。正常人血浆胆固醇浓度为102 mL～250 mg/100mL，含量同个体的饮食、年龄、种族、体力活动与精神紧张有一定关系。此外，还有一些物质能降低体内胆固醇的水平。如胆固醇含量过高，则容易导致胆固醇沉积于血管壁，导致动脉粥样硬化，因此，每天由食物摄取胆固醇的数量要限制在300 mg之内。植物固醇的主要成分包括菜油、固醇、菜籽固醇、豆固醇，小麦胚、玉米、芝麻、椰子油、橄榄油里含有谷固醇和酵母、麦角等真菌麦角固醇。动物组织中如肌肉、肝脏等都含有丰富的植酸酶，它催化了植物性物质与植酸盐之间的转化。在一些种子和根中还含有麦角固醇。

4. 鞘磷脂

鞘磷脂是一种含磷酸根、脂肪酸、胆碱、鞘氨醇等多种元素的化合物。

5. 脂蛋白

脂蛋白是脂类和蛋白质的结合物。它不仅是脂质代谢异常的结果，而且也参与心血管疾病的病理过程。近年研究发现动脉硬化和脂蛋白有一定关系。大量研究证明，在许多疾病中都与血液流变学异常有关。高密度脂蛋白具有抗动脉粥样硬化作用，而低密度脂蛋白和极低密度脂蛋白则可导致动脉粥样硬化，如女性绝经期前患冠心病是由于高密度脂蛋白偏高所致。所以预防动脉粥样硬化关键是如何改善高密度脂蛋白，减少低密度脂蛋白及极低密度脂蛋白的发生，效果最好的办法就是多锻炼。常锻炼者高密度脂蛋白偏高，低密度脂蛋白、极低密度脂蛋白偏低。

二、脂肪酸和必需脂肪酸

脂肪酸是脂肪、磷脂、糖脂的重要成分。它与蛋白质结合成各种化合物而成为食品营养成分之一。脂肪酸是由碳、氢、氧三种元素组成的化合物，可以分为单不饱和脂肪酸（只含一个双键）、多不饱和脂肪酸（含一个以上双键）和饱和脂肪酸（不含双键）三种。富含单不饱和或者多不饱和脂肪酸的脂肪，在常温下为液态，大多是植物油，像花生油、大豆油、玉米油等，俗称油。含丰富饱和脂肪酸的脂肪，常温下为固态，大多是动物性脂肪，有羊油、牛油、猪油之类，俗称脂。油脂在常温条件下常保持较好状态，不易氧化变质，因此人们在食用后不会产生不适反应。但是也会出现一些特殊的情况，比如深海鱼油，常温为液态，所含二十碳五烯酸（EPA）及二十二碳六烯酸（DHA）均为多不饱和脂肪酸。

必需脂肪酸指人本身无法合成的脂肪酸，多不饱和脂肪酸需要从食物中摄取，如亚油酸、α-亚麻酸等。这些脂肪酸对维持细胞正常代谢功能、调节免疫反应，以及促进脂肪沉积等起着至关重要的作用。必需脂肪酸对人体有着重要的生理功能，缺乏则会造成生长发育障碍，也会引起皮炎等症状。

三、脂类的消化、吸收及转运

脂类的消化和吸收以小肠为主，它消化后的最后产物为游离脂肪酸、甘油及单酰甘油酯，且吸收主要通过淋巴系统进行。

脂类的吸收是和高密度脂蛋白、低密度脂蛋白和极低密度脂蛋白一起进行结合而运载的。脂蛋白是脂质在体内合成代谢过程的主要产物之一。多数甘油三酯结合极低密度脂蛋白，故血浆中甘油三酯的浓度反映了极低密度脂蛋白的浓度。脂蛋白可通过血脑屏障进入脑组织并在此聚集以减少对神经细胞的损伤。胆固醇是低密度脂蛋白携带的，故血浆中胆固醇浓度反映了低密度脂蛋白的浓度。脂蛋白是在脂肪细胞内合成并贮存于细胞膜上。部分类脂及蛋白质在低密度脂蛋白和极低密度脂蛋白间转运。这些物质在体内可通过各种途径从血液进入肝细胞膜并以脂蛋白形式存在。低密度脂蛋白具有向肝脏运输和分解周围组织中胆固醇的功能，从而降低了血浆中胆固醇的浓度。

四、脂类的生理功能

脂类的生理功能很多，归纳如下。

（一）供能和储能

脂肪是膳食中浓缩的能源，1 g 脂肪在体内氧化分解可产生 37.656 kJ（9 kcal）的能量，比蛋白质或碳水化合物高 1 倍多。

脂肪是体内过剩能量的储存，当机体代谢需要时可释放能量。

（二）构成组织细胞，合成重要的生理物质

磷脂、糖脂、胆固醇构成细胞膜脂质；胆固醇是类固醇激素（如性激素）、维生素 D 及促进脂肪消化吸收功能的胆汁酸材料。

（三）提供必需脂肪酸

必需脂肪酸的生理功能包括：①构成细胞膜；②参与胆固醇在人体内正常代

谢，血中胆固醇须和必需脂肪酸相结合，方能转运入血，如果必需脂肪酸不足，胆固醇过多，可沉积于血管壁，进展为动脉粥样硬化；③花生四烯酸为前列腺素合成原料，前列腺素衍生物前列环素对血小板聚集有较强的抑制作用。近年来，前列腺素在心血管疾病、高血压等疾病治疗中的作用备受关注。

（四）维持体温，保护脏器

皮下脂肪不仅能阻止体温过多外散，还可以预防外界温度（热或寒）给人体带来的影响，有保持正常体温的功能。人体皮肤与体表之间存在着一层较厚的皮下结缔组织——筋膜层，它将体内各脏器及血管紧密地包裹在其中，并使之处于一种相对稳定的状态。器官四周脂肪组织形似软垫，有缓冲机械性摩擦、冲击等防护功能。

五、膳食脂肪供给量和食物来源

膳食脂肪供给量是以其在膳食总能量中所占比重来衡量，我国营养学会建议成年人每天摄入的脂肪量要占总能量的20%~30%，不超过30%。如果长期大量食用油脂，会导致肥胖和高血压等疾病的发生。老年人、肥胖者、劳动强度较低的人，脂肪摄入量也要适当降低。对体重轻、体质弱、有高血压和糖尿病等疾病的患者也要限制饮食中的脂肪含量。寒冷的环境中可以增加脂肪摄入量，炎热的环境中要适当降低脂肪供给量。一般人对油脂有较强的耐受能力。重体力劳动者，为了避免食物体积过大，又要确保能量供给，可以适当增加脂肪摄入量。少年儿童脂肪摄入量为日总能量的25%~30%。

在考虑膳食中脂肪的供应量时，首先要考虑各种脂肪酸所占比重。由于食物中各种成分对人体所必需脂肪酸的含量是不同的，因此应按需要进行选择。必需脂肪酸的摄入量应占总能量的3%，在膳食中饱和脂肪酸、单不饱和脂肪酸、多不饱和脂肪酸三种脂肪酸的配比以1:1:1为宜，多不饱和脂肪酸和饱和脂肪酸之比叫作P/S值，以1~1.5为宜。n-3系脂肪酸（二十碳五烯酸和二十二碳六烯酸）不低于总能量的0.5%，n-6系脂肪酸不低于总能量的3%，n-6与n-3脂肪酸摄入比为4~10，以4为宜；胆固醇的摄入量每日宜不超过300 mg。

膳食脂类来源包括烹调用油、肉类脂肪和各种食物中含有的脂类物质。富含脂肪的动物性食物主要有猪油、牛油、鱼油、奶油、蛋黄等；植物性食物有花生、大豆、芝麻等油料作物。富含磷脂的食品包括蛋黄、瘦肉、脑、肝脏及肾脏等内脏。这些物质中含有大量卵磷脂，是人体所需的一种重要营养素。动物脑与内脏，以及蛋黄、奶油等食物中胆固醇含量亦很高。一般认为，膳食中的脂肪植物油应占2/3，亚油酸的供给量应为总能量的2%～3%。随着年龄增大，动物油的摄入量应逐渐减少，因为动物性脂肪中的高饱和脂肪酸和高胆固醇是诱发冠心病的因素之一。

六、脂肪摄入过多对健康的影响

近年来，人们生活水平不断提高，我国居民的脂肪摄入量也相应增加。为了探讨不同膳食模式对人体健康的影响，笔者进行了调查研究。部分区域居民脂肪摄入量占总能量之比已经达到并超过世界卫生组织推荐的标准，因此如何合理地控制脂肪摄入量以减少对身体的危害就成为一个重要课题。每日摄入的总能量中脂肪所占比例太高会导致能量过剩，以致肥胖，而且肥胖还会加重高脂血症、动脉粥样硬化、冠心病、糖尿病的发病率。因此，有必要了解高脂餐对人体健康产生的影响及如何降低其危害程度。据流行病学调查数据显示，膳食脂肪的摄入量与冠心病的发病率及死亡率呈明显的正相关，高脂膳食也会导致脂肪过多地堆积于肝内，形成脂肪肝。

第四节 碳水化合物

碳水化合物又称"碳水化物""糖类"，是由碳、氢和氧三种元素组成的一大类化合物，其中氢氧之比为2:1，同水中氢氧比例是一样的，故名碳水化合物。碳水化合物具有很高的营养价值和药用价值。碳水化合物以糖、淀粉和膳食纤维为主。

碳水化合物在自然界中分布极广，也是膳食中三种重要的供能营养素之一。膳食中碳水化合物的种类和比例可能与冠心病、糖尿病、高脂血症、肿瘤、龋齿等发病率有密切的关系。因此，目前的发展趋势是减少饮食中的精制糖用量，增加复杂碳水化合物和膳食纤维的摄入量。

一、碳水化合物的分类

营养学上一般根据碳水化合物的化学结构,将其分为单糖、双糖、寡糖和多糖四类。

(一)单糖

单糖是指含有 2~7 个碳原子的糖类,是碳水化合物最简单的结构单位,只含有 1 个糖分子。单糖易溶于水,可不经消化液的作用直接被机体吸收和利用。单糖在自然界中很少以游离形式存在。在营养学上较重要的有戊糖和己糖。

1. 葡萄糖

葡萄糖是单糖中最重要的一种,在自然界中可以游离状态存在,广泛分布于植物和动物界,如葡萄汁、其他甜味水果、种子、根、叶、花,以及动物的血液、淋巴液和脊髓液中。葡萄糖主要由淀粉水解而来,还可来自蔗糖、乳糖等的水解,它是人体吸收利用得最好的单糖,极易被机体吸收,为机体供能。某些器官完全依靠葡萄糖供能,如大脑每日约需 100 g~120 g 葡萄糖,肾髓质、肺组织和红细胞也必须依靠葡萄糖供能。

2. 果糖

果糖主要存在于水果和蜂蜜中,是天然糖类中最甜的一种,其甜度约为蔗糖的 1.75 倍。

3. 半乳糖

半乳糖是乳糖的水解产物,自然界中几乎不单独存在。半乳糖是合成神经组织半乳糖苷的原料,软骨蛋白中也含有半乳糖的化合物。

4. 核糖和脱氧核糖

核糖和脱氧核糖属于五碳糖,可以在动物体内合成,是脱氧核糖核酸、核糖核酸的组成成分,在遗传信息传递过程中起重要作用。

5. 糖醇

天然水果、蔬菜中含有少量的糖醇类物质,是蔗糖或乳糖经水解而产生的一类小分子碳水化合物，具有甜度低、不易挥发等特点。由于这类物质在体内消化吸收速度慢，供给的能量低于葡萄糖，已广泛应用在食品加工方面。糖醇具有降低胆固醇和预防糖尿病等功效。常用的糖醇有山梨醇、甘露醇、木糖醇和麦芽糖醇等，其中以山梨醇最为广泛使用，而其他种类糖醇则较少见。糖醇的共同生理学特性在于它不依赖胰岛素来代谢，所以糖尿病人对糖醇的摄取并不增加血糖。另外，因为其在机体内不易水解成葡萄糖而形成结晶，所以它具有良好的抗氧化性和稳定性，能有效地预防动脉粥样硬化及心脑血管疾病的发生。天然食物，如谷胚含有环状肌醇，能和磷酸复合产生植酸，对营养素吸收不利。

（二）双糖

双糖是由两分子单糖经缩合而成的，在食品中普遍存在的双糖是蔗糖、乳糖、麦芽糖等。

1. 蔗糖

蔗糖是由一分子葡萄糖和一分子果糖收缩而成的，在甘蔗、甜菜、蜂蜜等作物上的含量都比较高，在一些水果如香蕉、菠萝、大枣、柿子中含量也较多。日常食用的蔗糖按色泽和形状分为白糖、红糖、冰糖和方糖。红糖除含有89%以上的蔗糖外，还含有糖蜜、还原糖和灰分等，营养价值高于白糖。食用过多蔗糖可能引起龋齿、肥胖、糖尿病、冠心病等。

2. 乳糖

乳糖由一分子葡萄糖与一分子半乳糖缩水而成，是哺乳动物乳汁中一种特有的碳水化合物，存在于奶和奶制品中。

3. 麦芽糖

麦芽糖由两分子葡萄糖缩水而成，为淀粉的基本构成单位。在谷类种子发出的芽中含量较高，特别是在麦芽中的含量最高，故名麦芽糖。麦芽糖是一种非还原性碳水化合物，能与多种氨基酸结合成蛋白质。普通植物麦芽糖的含量较少，动物中没有麦芽糖。麦芽糖是一种重要的糖源，它可以代替葡萄糖作为糖类食品的甜味剂，也可作为某些药物和化妆品的辅料。麦芽糖的来源以淀粉酶解为主。人吃了含有麦芽糖的食物后，就会产生一种特殊的香味和味道。含淀粉的食物在口腔内唾液淀粉酶的作用下，可以转化为麦芽糖。在人体胃肠内，麦芽糖与葡萄糖等碳水化合物一起被吸收，并通过肠黏膜上皮细胞分泌到血液循环中去，形成一种糖蛋白，使血糖增加，从而产生甜滋味。缓缓嚼着馒头，感受到的香甜，是麦芽糖甜。

（三）寡糖

寡糖是由3~10个单糖分子组成的小分子糖，其在自然界分布很广，包括纤维素、半纤维质等多种天然多糖及微生物产生的次生代谢产物。较重要的寡糖有糖蜜及豆类食品中所含的棉子糖及水苏糖等。棉子糖又称"双歧因子"，它能促进肠道有益菌生长繁殖，提高人体免疫力。棉子糖又名"蜜三糖"，是用葡萄糖、果糖与半乳糖组成的；水苏糖又称"双三糖"或"四聚糖"，由半纤维素和木糖组成。两种糖经肠道消化酶的分解，均无法消化吸收，在大肠内通过肠道细菌进行发酵，生成气体等产物引起胀气，长期不加注意就会出现腹胀。如果长期食用含有高糖的食物，会对人的健康带来危害，所以一定要合理膳食，以便减少其对人体的不良影响。目前已开发了许多具有保健功能的寡糖，如蔗糖、果糖、葡萄糖等，它们均有一定程度的助消化和降低胆固醇含量的效果。但是，还有一些不能为机体所用的寡糖，可以为双歧杆菌等肠道内有益细菌所用，促进此类菌群的增长，达到保健目的。

（四）多糖

由10个以上的单糖构成的大分子糖称为多糖。多糖是构成细胞间质的基本物质之一。在营养学中占有重要地位的多糖共有三种，分别是糖原、淀粉和纤维。按照能否被人体利用而分为可利用多糖和不可利用多糖。

1.可利用多糖

可利用多糖主要有淀粉、糊精、糖原等。

（1）淀粉：食物中绝大部分碳水化合物以淀粉形式存在，其基本构成单位是麦芽糖，在体内最终水解为葡萄糖。淀粉主要贮存于植物的细胞内，特别是根部、茎及种子细胞内。植物体内有大量的淀粉粒存在于细胞壁内或细胞膜上，这些物质对维持机体正常生理功能有重要作用。薯类、豆类、谷类富含淀粉，它们是人体碳水化合物最重要的食物来源。淀粉不仅为人体提供能量、蛋白质等营养物质，而且也是制造各种食品的重要原料。淀粉是含量最高、成本最低的产能营养素。淀粉按照葡萄糖分子的结合方式分为直链淀粉和支链淀粉，在粮谷豆类所含淀粉中，支链淀粉占大部分。

（2）糊精：糊精是淀粉水解的次级产物，由5个以上葡萄糖分子组成。含淀粉的食物在高温下能转化成少量糊精，日常食品中糯米含糊精较多。饴糖是糊精和麦芽糖的混合物。糊精有利于肠道乳酸菌生长，抑制腐败菌繁殖。因其甜度不高且易吸收利用，临床病人可以食用。

（3）糖原：糖原是由3 000～60 000个葡萄糖单位构成的，储存在人和动物体内的多糖，又叫动物淀粉。在酶作用下，糖原可分解成葡萄糖，在动物肝脏和软体动物体内含量较高。成年人体内储存糖原约340 g，仅够维持半天的能量需要。

2. 不可利用多糖

不可利用多糖主要指膳食纤维，是存在于植物性食物中的细胞壁和支撑组织，包括纤维素、半纤维素、果胶、树胶、木质素等。由于人类肠道中没有消化这些物质的酶，肠道菌群也仅能分解其中一部分，因此不能被机体吸收，但膳食纤维在营养学上具有重要意义。根据其水溶性不同，可分为可溶性纤维和不溶性纤维。

（1）不溶性纤维：不溶性纤维的主要成分是纤维素、一些半纤维素及木质素。

①纤维素：纤维素是植物的支持组织，存在于所有植物的细胞壁。人体内缺乏能分解纤维素的酶，纤维素不能被肠道菌群分解。

②半纤维素：半纤维素与纤维素一起存在于植物细胞壁中。与纤维素不同的是，它大量存在于植物的木质化部分，如秸秆、种皮、坚果壳、玉米穗轴中。虽然半纤维素也不能被人体消化利用，但经肠道微生物作用后它比纤维素容易分解。

③木质素：木质素不属于多糖，而是多聚（芳香族）苯丙烷类化合物，是植物木质化过程中形成的物质，与纤维素和半纤维素同时存在于植物细胞壁中。食物中木质素含量较少，主要存在于蔬菜的木质化部分和种子中，如草莓籽、老化的胡萝卜和花茎甘蓝中。虽然木质素也不能被人体消化吸收，但它具有刺激肠道

蠕动、维持机体正常消化功能的特性。

（2）可溶性纤维：可溶性纤维指能同时溶于水的纤维，还能吸水膨胀，以及可在结肠内由微生物酵解出的纤维类型，在植物的细胞液及细胞间质中均常有分布，包括果胶、树胶和粘胶。

①果胶：果胶是植物细胞壁的组成成分，常存在于蔬菜、水果中。

②树胶和粘胶：树胶也叫植物胶质，主要包括植物分泌胶（如阿拉伯胶）、种子胶（如角豆胶）和海藻胶（如琼脂），均属多糖类物质，摄入后不能被人体消化吸收，可在食品加工中作为稳定剂。

二、碳水化合物的消化和吸收

膳食中的碳水化合物主要是淀粉。唾液中的淀粉酶可以消化部分淀粉，但数量有限。消化淀粉的主要部位在小肠。肠腔内的胰淀粉酶活力很强，可将淀粉分解为双糖——麦芽糖。肠内还含有双糖酶，可进一步将麦芽糖和来自膳食的蔗糖、乳糖等分解成葡萄糖、果糖和半乳糖等单糖。

在正常情况下，只有单糖能被肠壁吸收。被吸收的单糖进入血液，直接被组织利用，并以糖原形式储存在肝脏和肌肉组织中，还可转变为脂肪储存在脂肪细胞内。

三、碳水化合物的生理功能

（一）提供能量

碳水化合物是身体的主要能量来源。如果摄入过量会引起能量过剩，导致肥胖、高血压、高血脂等疾病。1 g 碳水化合物于体内可供能量为 16.8 kJ（4 kcal）。碳水化合物的供能虽然比脂肪少，但其供能具有来源广、价格低廉、易于获得、不消耗氧气、不会产生有害气体，有利于健康等诸多优势。与脂肪、蛋白质相比易于消化吸收、分解速度快、产能高；不受机体的限制，可以进行长时间高强度训练等。耗氧少（氧化 1 g 碳水化合物耗氧 0.83 L，而氧化 1 g 脂肪或蛋白质耗氧分别是 2.03 L、0.97 L），对运动有利；具有良好的抗疲劳作用，可减少体内能量消耗，缩短训练后恢复期时间。缺氧时还可分解产能，它对于做大强度的运动是非常有必要的；它最后的代谢产物为二氧化碳与水，易于排泄。

（二）构成机体组织

碳水化合物还是人体最主要的组成成分。例如，蛋白质是维持细胞功能所必需的物质，如骨形成蛋白、成骨细胞分化成熟时合成的细胞外基质，以及各种生长因子都需要有相应的糖供应才能完成其生物活性。糖脂为细胞膜及神经组织组成成分；脂类则主要参与脂肪代谢，对维持正常体重有重要意义。糖蛋白由抗体、部分酶及激素组成；脂类则为脂肪细胞合成甘油三酯、胆固醇及其他一些脂质组成成分所需的原料。核糖和脱氧核糖是形成核糖核酸和脱氧核糖核酸的必需物质。

（三）节约蛋白质作用

在碳水化合物供给量充足时，人体首先利用它作为能量来源，这样便可以节约蛋白质，使之更多地用于合成组织蛋白质，主要用于构成组织和调节生理功能，此作用称为节约蛋白质作用。

（四）抗生酮作用

乙酰辅酶A作为体内脂肪分解代谢中间产物，必须和体内葡萄糖代谢产物草酰乙酸相结合，才能进入三羧酸循环，进行完全氧化。由于食物中含有大量的糖和蛋白质，所以动物机体内也存在着糖酵解途径。碳水化合物不足，脂肪代谢产生乙酰辅酶A被氧化不完全产生酮体，影响正常生理功能，甚至代谢性酸中毒。同时，由于糖原合成受阻而不能利用能量，造成机体能量消耗不足。所以，碳水化合物具有抗生酮的功能，能够保持脂肪正常代谢。

（五）增强肝脏的解毒能力

当肝糖原在肝脏有足够的储备，产生的葡萄糖醛酸对一些化学毒物（如四氯化碳、乙醇）和多种致病微生物感染所致的毒血症具有很强的解毒能力，并且保护肝脏不受有害物质伤害。碳水化合物可增加肝糖原储备，因此保证碳水化合物的供给，保持肝脏中含有充足的糖原，在一定程度上可保护肝脏免受有害因素的损害，并可保持肝脏的正常解毒功能。

(六)膳食纤维的生理功能

虽然膳食纤维既不能构成机体组织,也不能氧化供能,但是其具有重要的生理功能。

1. 促进肠蠕动,利消化、防便秘

膳食纤维未经消化即进入大肠,由于纤维素、果胶吸水能力较强,故可使粪便软化,容积变大,这样可以刺激肠蠕动帮助排便。同时,降低了肠内压,有助于防止结肠的部分蠕动收缩过强而导致大肠憩室炎的发生。故食用高纤维膳食,是预防和治疗便秘、痔疮的有效手段。

2. 预防癌症

流行病学调查结果表明,结肠癌和直肠癌的发病率与膳食纤维摄入量呈负相关。膳食纤维能防治结肠癌和直肠癌的主要原因是,首先,膳食纤维能刺激肠道蠕动,缩短粪便在肠道停留时间,减少致癌物和有害物对肠壁的刺激,从而减少其诱发癌症的机会。其次,膳食纤维能使粪便膨松,使粪便中含有一定的氧气,减少了由厌氧细菌合成的亚硝胺等致癌物质的产生,有效地防止癌变。最后,膳食纤维还能结合致癌物和稀释肠内的有害物质,从而降低癌症的发病率。

3. 降低血胆固醇水平,预防胆石症和冠心病

膳食纤维可以和胆汁酸、胆固醇等其他物质结合,形成一种复合物,不会被人所吸收,从而阻断胆固醇及胆汁酸的肠肝循环,促使胆汁酸、胆固醇等物质从粪便中排泄,使血胆固醇水平下降,从而防治冠心病、胆石症等疾病。

4. 预防肥胖

膳食纤维使食物的体积增大,减缓食物在上消化道的流动,容易让人有饱腹的感觉,这样可以减少其他食物和能量的摄入,对控制体重、预防肥胖有帮助。在糖尿病治疗中,膳食纤维可作为一种降糖药物使用。此外,膳食纤维对淀粉酶也有抑制作用,能够稀释酶及营养物质浓度,推迟糖类消化吸收,使餐后血糖水平下降。糖尿病患者摄入过多碳水化合物会造成高血糖症,而摄入较多蛋白质则可引起高血脂及高血压。故食用高纤维膳食可降低糖尿病人尿糖量及胰岛素需求量。

5. 降低龋齿和牙周病的发病率

高膳食纤维使口腔咀嚼时间延长,唾液分泌旺盛,提高缓冲酸,因而利于口腔及牙齿清洁。另外，纤维素可使细菌繁殖所需要的酶失活。当口腔咀嚼含纤维素丰富的食品时，由于纤维素对牙齿和牙龈组织的反复摩擦，能够增强血液循环，保持组织健全。此外，它也可促进唾液腺中黏液蛋白的合成，提高唾液量。纤维素也可以去除牙面中的糖类和蛋白质，降低龋齿发生率。

膳食纤维虽然在健康方面起着举足轻重的作用，但是它也存在着一些弊端。目前人们普遍重视蛋白质、脂肪及碳水化合物等营养物质，而忽视了膳食纤维这一因素。膳食纤维虽然降低了某些有害物质的吸收量，但也降低了某些营养素的消化吸收。另外，膳食纤维还能降低胆固醇含量。再者，膳食纤维还具有与金属离子相结合的功能，如果膳食纤维吃得太多，就会使人体对铁、锌、钙、镁和其他必需元素的吸收产生影响。

四、碳水化合物的供给量与食物来源

碳水化合物可由体内其他营养素转变而成，因而难以制定碳水化合物的供给量标准。但一般认为每日膳食总能量应有55%～65%左右来自碳水化合物较为适宜，其中精制糖占总能量10%以下。美国食品药品监督管理局提倡每日摄入膳食纤维25 g或11.5 g/1 000 kcal较为合适。运动员膳食中碳水化合物占总能量的50%～60%，缺氧运动项目碳水化合物占总能量的65%～70%。

人体内碳水化合物贮存能力是有限的，约340 g～400 g(其中肌肉中储存250 g，肝脏中储存75 g～90 g，全身血糖总量5 g～6 g)，而且人体摄入过多的碳水化合物将转化成脂肪。因此，在人体内有相当一部分糖是通过食物来提供的。

碳水化合物主要来源于植物性食物，如谷类、薯类和根茎类食物，其次来自食糖。其中，糖类物质的来源以植物为主，而动物蛋白质则来自微生物。动物性食物仅在肝脏及肌肉含糖原，奶中虽有乳糖，但含量甚微，其他动物性食物中的含量较少。

正常成年人每天膳食纤维摄入量为20 g～30 g。由于儿童生长发育迅速，具有对营养素需求量大等特点，故在儿童食品中也应添加适量的膳食纤维。膳食纤维主要以植物性食物为原料，包括粮食、蔬菜汁、果蔬汁、菌藻等。蔬菜、水果都是膳食纤维含量丰富的食品，是人类膳食纤维的重要来源。蔬菜汁、瓜子油，谷类、豆类种皮、薯类、菌藻类食物等均含有膳食纤维。

碳水化合物有很多种，但是，由于淀粉不但具有价格低廉、来源广泛的特点，还具有生理效应等优势，因此要把淀粉作为主要原料。由于淀粉在人体内具有特殊的功能和作用，故被广泛应用于食品中。如人体易适应淀粉，能长时间大量服用，不会有不适反应；消化吸收慢，能使血糖水平保持相对平稳。此外，淀粉也具有一定的保健功能。就粮食和薯类食物而言，不但富含淀粉，同时富含蛋白质、维生素、矿物质、膳食纤维及其他营养素，故认为以谷类为主食是有益于健康的，而另外一些简单的糖类只有在一定的条件下才可以吃得恰到好处，且摄入量不宜过多。

蔗糖是最普通的食用糖。研究表明，过量摄入蔗糖对身体有许多危害，蔗糖与肥胖、糖尿病、冠心病、近视等疾病的发生有关，因而不宜过多食用蔗糖。

果糖是一种天然单糖，存在于水果、蜜糖之中。因此，它可以代替部分或全部碳水化合物用于人体运动时的能量供给。果糖对人体胰岛素效应较葡萄糖低，血糖比较稳定。尽管果糖在肌肉运动中用作能源并没有葡萄糖那么适时，但是对锻炼后糖原储备的恢复是有利的。

低聚糖属于人工合成糖的范畴，它是由2~10个的单糖分子构成，相对分子质量比葡萄糖大，渗透压低，25%的低聚糖的渗透压与5%的葡萄糖的渗透压相当，故可配制成低渗透压、高能量液体。低聚糖不仅具有良好的降血糖作用，而且能促进肠道有益菌群繁殖，提高机体免疫功能。另外，低聚糖的甜度小、吸收快。由于其独特的理化性质，低聚糖还具有良好的稳定性和生物活性等特性，并被广泛用作食品添加剂。目前公认低聚糖对临床营养和运动营养有较大影响。

第五节　矿物质

一、概述

众所周知，自然界中存在着大量的化学元素，人体组织中几乎都可以找到这些元素。其中，碳、氢、氧、氮这些元素主要是以有机化合物的形式存在，其他元素统称为矿物质，英文全称为mineral，有的学者称其为无机盐或灰分。根据不同的分类标准，矿物质可以划分为不同的种类，如按照其在体内含量的不同，可以分为两大类：一是常量元素或宏量元素，英文全称为macroelements，指的是含量大于体重的0.01%的元素，常见的常量元素有钙、磷、钾、钠、镁、氯、硫；二是微量元素，英文全称为microelement，指的是含量小于体重的0.01%的元素。人体内的微量元素是数不胜数的，受检测技术的限制，当前的可检测出的微量元素大约有70种。基于不同的研究角度，微量元素有着不同的划分标准。1995年，联合国粮食及农业组织（FAO）、国际原子能机构（IAEA）、世界卫生组织（WHO）的专家委员会从生物学作用的角度出发，将微量元素分为以下三类：

（1）维持人体机能正常运转所必需的微量元素共8种，包括铁、锌、碘、硒、铜、钼、铬、钴。

（2）人体机能正常运转可能需要的微量元素共5种，包括锰、硅、硼、钒、镍。

（3）虽然具有潜在的毒性，但是剂量较低时又是维持人体机能正常运转可能需要的微量元素共7种，包括氟、铅、镉、汞、砷、铝、锡。

（一）矿物质的特点

（1）人体内部器官无法合成矿物质，这就是说，食物和饮水是人体获取矿物质的主要途径。人体每时每刻都在进行新陈代谢，体内一定量的矿物质在新陈代谢的过程中也会随之排出体外，如粪便、汗、头发及皮肤黏膜等，因此必须不断供给补充。

（2）人体中的矿物质分布很不均匀，如钙、磷在骨骼及牙齿中的分布较多，铁多集中在红细胞中，碘主要分布于甲状腺内，钴主要分布在造血器官中，锌多集中于肌肉组织内。

（3）矿物质之间并不是彼此孤立的，而是相互联系、相互影响的，存在着协同或拮抗作用，如果人们的饮食结构中钙、磷比例不科学，就会对这两种元素的吸收造成不利影响，过量的钙元素会对镁元素的吸收造成负面影响，过量的锌元素会对铜元素的代谢产生不良影响,而过量的铜元素则会对铁元素的吸收产生负面影响。

（4）某些微量元素尽管在人体内的含量特别的少,但其生理剂量与中毒剂量范围较窄,一旦超过人体必需的含量就有可能产生毒性作用,如硒在人体内的含量是极其微小的,摄入过量就会引起中毒,因此要注重营养均衡,强调硒的摄入量不宜过多。

（二）矿物质的生理功能

1. 构成人体组织的重要原料

矿物质在人体组织中发挥着重要作用,如牙齿、骨骼的主要成分是钙、磷、镁;血红蛋白的主要成分是铁,肌红蛋白的主要成分是铁,细胞色素的主要成分之一也是铁。

2. 维持机体的酸碱平衡和渗透压

钠离子和氯离子是维持细胞外液渗透压的主要离子,钾离子是维持细胞内液渗透压的主要离子。人体机能的正常运转有赖于细胞内外液之间的渗透压平衡,而离子浓度的高低在细胞内外液之间的渗透压平衡中起着决定性作用。除此之外,人体内还存在着各种缓冲剂,其主要成分是各种离子,它们在维持体液酸碱平衡中发挥着重要作用。

3. 维持神经和肌肉的兴奋性

有关研究表明,矿物质对于神经和肌肉的兴奋性有着显著作用,其中不同的矿物质对于神经肌肉的兴奋性有着不同的影响,有的矿物质可以使神经和肌肉的兴奋性显著增强,有的矿物质能对神经和肌肉的兴奋性产生抑制作用。

4. 构成激素、维生素、蛋白质和多种酶

矿物质广泛存在于激素、维生素、蛋白质及多种酶中,如谷胱甘肽过氧化物酶中就含有硒,生物学家从细胞色素氧化酶中分离出了铁,从甲状腺激素中分离出了碘等。

（三）矿物质缺乏

学术界经过多年研究发现,不同的矿物质分布于不同的食物中,人体对于各

种矿物质的需求也是大不相同的。有关资料显示，我国居民容易缺乏的矿物质有钙、铁、锌、碘、硒等。为了改善碘缺乏的问题，我国在全国范围内推行食盐加碘强化工程，取得了显著的成效，碘缺乏的发生率明显降低。虽然我国高度重视居民的饮食健康，但是钙、铁、锌等矿物质的摄取仍普遍不足。矿物质对于人体机能的正常运转有着难以取代的作用，如果某些矿物质长期摄入不足，有可能出现亚临床缺乏的现象，甚至患上某种元素缺乏病，如铁长期摄入不足有可能导致儿童生长发育迟缓，严重者容易患上缺铁性贫血；如锌长期摄入不足可能引起骨质疏松，甚至患上克山病等。

矿物质缺乏的主要原因有以下几个：

（1）地球环境中各种元素分布不平衡，如某些地区表层土壤缺乏一种或几种元素，生长于此地的农作物必然无法从土壤中获取相应的元素，在此地生活的居民以该地的农作物作为主要的食物来源，其体内势必也会缺乏相应的矿物质。

（2）食物中含有天然存在的矿物质拮抗物。人体对矿物质的吸收和利用需要满足一定的条件，如果无法满足相应的条件，对矿物质的吸收和利用率就会大打折扣，其中草酸盐和植酸盐过多就会对矿物质的吸收和利用产生拮抗作用。自然界中的很多植物都蕴含着较多的草酸盐和植酸盐，如果过量摄入这些植物，就会影响人体对矿物质的吸收。

（3）食品加工过程中造成的矿物质的损失。比如，粮谷表层就含有丰富的矿物质，随着生活水平的提高，人们越发地追求精细化饮食，过度地碾磨粮谷，导致矿物质的丢失；蔬菜中也含有矿物质，这些矿物质大都属于水溶性矿物质，如果浸泡时间过长或者将蔬菜进行水煮，都会造成矿物质的损失。

（4）摄入量不足或不良饮食习惯。有些人有着挑食的坏习惯，这就导致他们摄入的食物品种比较单调，从而产生矿物质缺乏。肉、禽、鱼类等动物性食物中含有丰富的钙和铁，如果人们不喜欢食用动物性食物，就有可能引起钙和铁的缺乏；乳制品中含有丰富的钙，如果人们不喜欢乳制品或者不愿意食用乳制品就有可能引起钙的缺乏；绿叶蔬菜中含有铁，如果绿叶蔬菜摄入不足，可能引起铁的缺乏。

（5）生理上有特殊营养需要的人群。不同年龄、性别的人群对于矿物质有着不同的需求，普通成年人对矿物质的需要是基本相同的，但是处于成长期的儿童和青少年对于钙、铁等矿物质的需要同普通人群有着很大不同，如果不考虑他们特殊的营养需求，就可能产生钙、铁等矿物质缺乏的问题。孕妇和哺乳期的女性和普通女性的矿物质需要也有着很大的区别，容易出现铁、锌等矿物质的缺乏。除此之外，运动员由于长期进行运动训练，矿物质随尿液和汗液流失的概率要远远高于普通人，如果不注意补充，也会产生矿物质缺乏的问题。

二、钙

（一）含量与分布

钙是人体中含量最多的矿物质。根据有关研究表明，正常成年人体内约含有1 200 g的钙，约占体重的1.5%～2.0%，其中99%主要集中于骨骼和牙齿，多呈羟基磷灰石的形式。剩余部分的钙以两种形式存在于体内：一是与柠檬酸或蛋白质结合，二是以离子形式分布于软组织、细胞外液和血液中，这部分钙离子被称为混溶钙池。人体机能的正常运转有赖于体内细胞始终处于正常生理状态，这一切的实现以混溶钙池的钙与骨钙保持动态平衡为基础。正常成年人每一毫升血清内含钙应为2.25 mmol～2.75 mmol。

（二）生理功能

1. 构成骨骼和牙齿

钙为骨骼的主要成分，由于骨骼不断地更新，故每日必须补充相当量的钙才能保证骨骼的生长和正常功能。

2. 维持神经肌肉的正常兴奋性

有关研究表明，钙在维持神经肌肉的兴奋性中起着重要作用，主要表现在以下方面：首先，钙有助于神经肌肉维持兴奋性；其次，钙在神经冲动的传导过程中发挥着重要作用；最后，心脏的正常搏动离不开钙。神经肌肉的兴奋性受到血清钙浓度的直接影响，当一升血清内钙的含量降低到2.2 mmol时，神经肌肉兴奋性增高，可能出现手足抽搐，甚至惊厥。

3. 促进体内某些酶的活性

酶在细胞代谢的过程中起着重要作用，而钙离子则是参与细胞代谢的主要成分之一，如腺苷酸环化酶、鸟苷酸环化酶、酪氨酸羟化酶等。

4. 其他功能

钙对于人体机能的正常运转有着积极意义：首先，血凝过程的顺利进行有赖于钙；其次，钙在激素分泌的过程中起着不容忽视的作用；再次，钙有助于维持体液酸碱平衡；最后，钙能够调节细胞正常生理功能。

（三）缺乏与过量

1. 钙缺乏

不同年龄群体中钙的缺乏会产生不同的症状，如儿童长期缺钙和维生素D可能导致其生长发育滞后于同龄儿童，可能会出现钙软化、骨骼变形，长期缺钙比较严重的易引发佝偻病。中老年人易患骨质疏松症。钙缺乏者易患龋齿，影响牙齿质量。

2. 钙过量

汉语中有"过犹不及"这个成语，意思是不足和过量都是不合适的，钙的缺乏会对人体的健康产生不良影响，钙摄入过量同样会对机体产生不良作用，主要体现在以下三方面：

（1）增加肾结石的患病率：营养学家对钙摄入过量问题进行了深入的研究，结果发现，肾结石患病率与钙摄入过量有着直接关系，即钙的摄入量越多，患有肾结石的概率也会越大。

（2）易患奶碱综合征：耐碱综合征又称为"乳碱综合征"，指的是高钙血和肾功能不全的综合征，有的患者可能会出现代谢碱中毒症状，有的患者不出现代谢碱中毒的症状。该病最早发现于消化性溃疡的临床副作用中，当时为了能够治疗消化性溃疡，部分医院倡导采用Sippy饮食疗法，即让患者大量食用含有碳酸氢钠、磷酸钙的食物，或者让患者大量食用牛奶，结果发现，虽然患者的消化性溃疡症状得到了一定程度的缓解，但是其身体状况不容乐观，出现了高钙血症。有的患者出现了可逆或不可逆肾衰、软组织转移钙化、昏睡等症状，有的患者甚至出现了昏迷、碱中毒等症状，还有的患者出现兴奋、头痛和情感淡漠症状。

（3）钙和其他矿物质的相互干扰作用：有关研究表明，高钙膳食对于铁的吸收具有明显的抑制作用，同时钙与铁之间存在着剂量反应关系，但这两种元素之间的确切机制尚未得到证实。除此之外，高钙膳食对于锌的吸收和利用也会产生负面作用，在肠道中钙和锌有相互拮抗作用。高钙膳食对镁元素的代谢也有着不利影响。

（四）供给量与食物来源

相较于欧美等国家，我国居民中钙缺乏的发生率更高，导致这一问题产生的因素是多种多样的。首先，我国居民对于钙缺乏的认识不足，钙摄入量不足；其次，膳食结构不合理，食物中钙的质量较差及钙吸收率偏低。正常成年人需要的钙为 800 mg/d，少年儿童由于正处于骨骼生长期，应适当增加钙的含量；相较于普通女性，怀孕期和哺乳期的女性应多食用高钙食物以增加钙的供给量；随着年龄的增加，人体钙质的流失会逐渐增多，因此老年人应适当增加钙的供给量。有关研究表明，钙质流失与出汗有直接关系，大量出汗会加快人体内钙的流失，运动员在从事高强度运动时出汗量较大，因此要高度重视运动员的饮食结构，适当增加高钙食物。

含钙丰富的食物有奶、奶制品、小虾皮、芝麻酱、海带等，其中奶和奶制品不仅含钙丰富，而且更易被人体吸收，是钙的良好来源。

三、磷

（一）含量与分布

磷在人体内的含量仅次于钙，成年人体内大约有 600 g～900 g，80% 以上分布于骨骼和牙齿中。

（二）生理功能

（1）磷是构成骨骼和牙齿的成分。

（2）磷对于人体机能的正常运转起着重要作用，生物学家从核酸中分离出了磷，磷脂的组成成分之一也是磷，同时磷还是磷蛋白和某些辅酶的主要成分，有关资料显示，磷具有参与和调节体内生理功能的作用。

（3）磷有助于调节体液的酸碱平衡。

（4）以高能磷酸键形式参与物质代谢和能量代谢。

磷作为人体内的第二大矿物质，不仅在能量代谢中起着无可估量的作用，还在神经系统的活动中有着积极意义。相比于普通人，运动员的能量代谢和神经系统的活动更加频繁，对于磷也有着更高的要求。

（三）缺乏与过量

人类食用的食物中几乎都含有磷，普通人只要合理饮食都会从食物中获取磷，因而磷缺乏的现象比较少见。临床所见磷缺乏的病人大多数是长期服用抗酸药，或者是长时间未进食者。过量的磷酸盐可能会影响钙的吸收，从而出现低钙血症，严重者会出现神经肌肉兴奋性增强，手足痉挛甚至惊厥。

（四）供给量与食物来源

普通成年人磷的摄入量为 700 mg/d，可耐受最高摄入量为 3 500 mg/d。磷的供给量与钙有关，从理论上来说，膳食中钙和磷的最佳比例应为 1∶1～1∶1.5，低于 0.5 就会对身体健康产生不良影响。运动员由于其特殊的职业，所需要的磷更多，特别是从事游泳、骑车等耐力性运动项目，以及从事举重、摔跤等力量性项目的运动员的磷供给量更高，磷每日供给量应达到 2.0 g 以上，特殊情况下可增加到 3.0 g，最高不超过 4.5 g。

磷在食物中分布广泛，几乎所有的食物中都含有磷，其中瘦肉、蛋、鱼、核桃、蔬菜等不仅磷含量丰富而且吸收率高。

四、钾

（一）含量与分布

钾在正常成人体内的含量约为 45 mmol/kg。98％ 的钾分布在细胞内，只有 2％ 在细胞外。

（二）生理功能

1. 维持渗透压和水平衡

钾是细胞内的主要阳离子，与细胞外的钠相互作用，维持渗透压，保持水平衡。

2. 参与糖、蛋白质代谢

钾在糖代谢中起着重要作用，这是因为糖原的合成有赖于钾离子的参与，在钾离子的作用下，乳酸盐和丙酮酸盐合成糖原。除此之外，细胞内蛋白质的合成也离不开钾，钾还在肌球蛋白合成中起着难以取代的作用。

3. 维持神经肌肉的应激性和心脏的正常跳动

学术界的专家学者对于钾的功能进行了深入研究，结果发现，钾离子对于维持神经肌肉的兴奋性有着积极作用。人体内一旦缺钾，神经传导会减弱，面对外界刺激时，会出现反应迟钝的现象。同时，钾离子还可以维持心脏的正常跳动，当血清内钾离子的浓度发生变化时，心肌细胞的静息电位也会随之发生改变，进而影响心脏的活动，血清内钾离子的浓度过低会导致心律失常。

（三）缺乏与过量

人体内钾的缺乏有以下两方面原因：一是摄入不足；二是损失过多。大部分的食物中都含有钾，正常进食一般不会出现钾缺乏。由于疾病或者其他原因需要长期禁食或者少食，而静脉补液中又无法补充钾或者补充得不足，就有可能导致摄入不足。造成钾损失过多的原因是多种多样的，如经消化道损失，有的人肠胃不适，经常会出现呕吐、腹泻、胃肠引流等，长期服用缓泻剂或轻泻剂也会造成钾损失；患有肾小管障碍等肾脏疾病的患者的钾损失率要远高于正常人，这是因为钾从尿液中大量流失；经汗流失，从事高温作业或者重体力劳动者，大量出汗而使得钾大量流失。钾缺乏会出现如下症状：肌无力、心律失常、横纹肌溶解，严重者可能引起瘫痪及肾功能障碍等。

血液内钾离子的浓度高于 5.5 mmol/L 时，就属于钾摄入过量，可出现毒性反应，医学界将这种病症称为高钾血症。患高钾血症者主要有如下表现：从神经肌肉方面来说，表现为极度疲乏软弱，四肢无力，其中以下肢尤为明显；从心血管系统来说，主要表现为心率缓慢，心音减弱，严重者会出现吞咽、呼吸及发音困难，甚至呼吸麻痹而猝死。细胞内钾外移也有可能引起高钾血症，如酸中毒、缺氧、大量溶血、中毒反应等都会造成细胞外的钾大量流失。

（四）供给量与食物来源

成年人钾的适宜摄入量为 2 g/d。运动员由于从事高强度运动，经常会出汗，钾会随着汗液排出体外，运动后的恢复中蛋白质与糖原的合成均需要钾的参与，因而运动员应多食用含钾丰富的食物以增加供给量，摄入量应在 3 g/d 以上，不得超过 4 g/d。

钾的来源广泛，大部分食物中都含有钾，其中蔬菜和水果是钾的良好来源。

五、钠和氯

（一）含量与分布

成年人体内钠含量约为 6 200 mg～6 900 mg，用体重来表示的话就是每千克钠含量约为 95 mg～106 mg，占体重的 0.15 %。人体内的钠由三部分组成，一是存在于细胞外液，将近一半的钠分布于此；二是分布于骨骼中，占总钠量的 40 %～47 %；三是分布于细胞内液，仅有 9 %～10 % 的钠存在于此。正常人每升血浆内含有的钠约为 135 mmol～140 mmol。氯主要分布于细胞外液，是细胞外液的主要阴离子。

（二）生理功能

（1）维持渗透压和水平衡。细胞外液中分布有阴离子和阳离子，其中钠是细胞外液的主要阳离子，氯是细胞外液的主要阴离子，钠离子和氯离子相互作用，维持着细胞外液渗透压和水平衡。

（2）调节酸碱平衡。人体内蕴含着碳酸氢钠，它是人体内重要的缓冲物质，有助于调节细胞外液的酸碱平衡。

（3）维持神经肌肉的兴奋性。有关研究表明，钠对于提高神经肌肉的兴奋性有着积极作用，体内一旦钠含量不足，就可能出现肌无力、食欲不振、心率加快等症状。

（4）产生胃酸。营养学家在胃酸中分离出了氯，由此可知，胃酸对于人体机能的正常运转有着积极意义：首先，胃酸有助于激活唾液淀粉酶；最后，胃酸能够促进铁的吸收；再次，胃酸具有抑制微生物生长的功效。

（5）氯化钠有调味作用。

（三）缺乏与过量

钠的来源广泛，普通人只要正常饮食，都会从食物中获取身体所必需的钠。一般来说，人体不易缺钠。钠缺乏存在两种情况：一是因疾病或特殊原因，长时间不进食或少量进食，或者膳食结构中严格限制钠的摄入导致摄入量非常低；二是温度过高或者从事重体力劳动导致过量出汗，使钠过量排出，由于胃肠疾病而反复呕吐，或者服用泻剂产生腹泻导致体内的钠大量流失。钠缺乏量较少时，身体不会出现明显症状，当血液内的钠降低到一定浓度时，会出现渗透压下降，细胞肿胀。当血液内的钠含量减少到每千克 0.75 g～1.2 g 时，就会出现恶心呕吐、视力模糊、心率加快、血压下降，严重者可致昏迷、休克，甚至发生急性肾功能衰竭而导致死亡。

钠和氯的过量摄入同样会对人体健康造成危害。食盐的主要成分是氯和钠，食盐的每日摄入量应不超过 6 g，如果每天摄入的食盐过量，可引起急性中毒，出现水肿、血压上升、血浆胆固醇升高、胃黏膜上皮细胞破裂等症状。除此之外，如果长期过量摄入食盐，就有可能增加胃癌的发病率。

（四）供给量与食物来源

普通成年人钠的适宜摄入量为 2.2 g/d。当处于气温过高或者运动的情况下，人体内的钠就会随汗液排出体外，由此导致钠缺乏，应及时补充。相比于普通人，运动员每日对钠的需求量更高，《中国居民膳食指南（2022）》推荐钠盐摄入量每日应小于 5 g。在高温环境训练时，应增加钠的补给量，但是也不应超过 8 g。事实上，中国居民对于钠过量摄入的危害并没有清晰的认识，膳食结构中的钠含量已超过正常需要量。过量的摄入钠会对人体健康产生不利影响，如可能引起高血压和视网膜病变，同时还会加重肾脏负担，对于运动能力的提高产生负面作用。

钠的来源广泛，大部分食物中都含有钠，食盐、酱油、味精等调味料中含有钠，经过这些调味料腌制过的肉、咸菜等都含有钠，人们在食用这些食物和调味料的过程中就获取了所必需的钠。除此之外，某些地区的土壤中也含有钠，相应的水源中也会含有较高的钠。

六、镁

（一）含量与分布

正常成年人体内的含镁量约为20 g～30 g，其中将近70％分布在骨骼中，剩余的大部分镁分布于骨骼、心肌、肝、肾、脑等组织的细胞内，细胞外液中的镁含量仅占1％。

（二）生理功能

（1）镁是构成骨骼和牙齿的成分。

（2）生物学的专家学者从各种酶中分离出了镁，研究发现，镁离子广泛存在于酶的辅助因子或激活剂中，镁离子在羧化酶、己糖激酶、三磷酸腺苷酶等需要三磷酸腺苷酶参与的酶促反应中起着重要作用，与氧化磷酸化有关的酶有赖于镁离子的参与。

（3）镁在维持神经肌肉正常兴奋性中发挥着不可忽视的作用，同时镁有助于维持心肌正常结构与功能。

（三）缺乏与过量

大部分食物中都含有镁，且肾脏能够有效地吸收和利用镁，普通人只要正常饮食都会获得身体所需的镁，现实生活中因摄入不足而缺镁的患者是极其稀少的。镁缺乏的原因大多是由于疾病引起的镁代谢紊乱所致。临床发现克山病患者有低镁血症，由此专家推测镁缺乏可能是克山病的病因之一。镁缺乏的临床表现多集中在神经系统和心血管。虽然大部分都认为镁不容易缺乏，但有关调查显示，20世纪以来，膳食镁的摄入量呈下降趋势，不仅仅是一个国家、一个地区出现了这种现象，而是在全球范围内普遍存在。近年来，国内外一些知名的膳食机构对该问题进行了调查，结果证明，人群膳食镁摄入长期呈现边缘性缺乏的状态，应该引起重视。

人体处于健康状态时，肠、肾脏及甲状腺都具有调节镁代谢的功能，能够将多余的镁排出体外，一般不易发生镁过多症。肾功能不全的患者，尤其是尿少的患者，需要进行镁剂的治疗以调节肾脏功能，如果镁剂过多，可能会发生镁中毒。临床上患有脱水或伴有肾功能不全的患者需要注射或口服镁盐以缓解症状，这种情况下高血镁的病患屡见不鲜。

（四）供给量与食物来源

成再人镁的适宜摄入量为 350 mg/d，可耐受最高摄入量为 700 mg/d。人体内共有八种常量元素，在这些常量元素中，镁的含量最低。由于镁的来源广泛，一般不会缺乏。但是运动员由于高强度运动，大量出汗，镁随汗液流失；有部分重体力劳动者在高温环境下劳作，也会大量出汗，镁的流失率会高于常人；还有部分患者服用利尿剂，导致镁从尿液中流失，对于上述群体要适当增加镁供给量。

镁的来源比较广泛，其中植物性食物中含有丰富的镁，如粗粮、干豆、坚果、绿叶蔬菜等不仅含镁量丰富，而且易于吸收。动物性食物中镁含量相对较少，如肉、蛋、奶的镁含量要低于绿叶蔬菜和菌藻类食物，但是虾米、虾皮这类动物性食物中的镁含量相对较高。镁含量最低的食物是加工精制食品及油脂食品。合理搭配膳食，多食含镁丰富的食物，可以基本满足人体对镁的需求亮。

七、铁

铁是较易缺乏的营养素之一。根据有关资料显示，全球范围内普遍存在着铁缺乏的问题，其中发达国家中铁缺乏的发生率为 1%～20%，发展中国家的铁缺乏的发生率要远高于发达国家，达到了 30%～40%。从职业角度来说，运动员铁缺乏的发生率也要高于普通人，人在剧烈运动的过程中，铁会随着汗液排出体外，同时铁的消化吸收率也会降低，从而对人体健康产生不良影响。

（一）含量与分布

人体机能的正常运转离不开微量元素的支持，而铁含量在人体必需的微量元素中排首位。人体内的铁含量并不是固定不变的，而是随着年龄、性别、营养状况以及健康状况的不同，呈现出差异性。成年人体内铁含量约为 4 g～5 g，从性别角度来说，女性所需的含铁量要略低于男性。铁以两种形式存在于人体内，一是功能性铁，分布于血红蛋白、肌红蛋白中，以及含铁酶中，包括细胞色素氧化酶、过氧化物酶、过氧化氢酶等，这部分铁在代谢功能中和酶功能中发挥着重要作用，占人体内铁含量的 70%；二是储备铁，主要以血红蛋白和含铁血黄素形式存在于肝、脾和骨髓中，占人体内铁含量的 30%。

（二）生理功能

1. 铁参与体内氧的运送和组织呼吸过程

铁作为血红蛋白的组成成分之一，对于血红蛋白的正常运行起着重要作用，有了铁的参与，血红蛋白才可以运输氧和二氧化氮。肌红蛋白在能量代谢中发挥着难以估量的作用，它在肌肉中转运和储存氧，当肌肉收缩时释放氧，而这一切都有赖于铁的参与。含铁的细胞色素和一些酶类具有传递作用，对细胞呼吸和能量代谢具有重要意义。

2. 其他功能

铁在维生素 A 生成的过程中充当催化剂，将 β-胡萝卜素转化为维生素 A。同时，胶原的合成也离不开铁。除此之外，铁还能够促进抗体的产生，提高机体免疫力。脂类在血液中的运转有赖于铁的参与，药物在肝脏中发挥解毒功效也离不开铁。

（三）缺乏与过量

铁缺乏可引起缺铁性贫血，而缺铁性贫血是一个世界性的重要公共卫生问题。贫血患者常有头晕、气短、心悸、乏力、面色苍白、注意力不集中、学习工作能力下降等症状。

动物实验表明，铁缺乏可使肌肉氧化代谢受损。人及动物实验皆证实，铁缺乏将降低抗感染能力和抗寒能力。长期铁缺乏会明显影响身体耐力。

引起铁摄入过多的主要原因是口服铁剂和输血。急性铁中毒常发生于服用大剂量铁剂治疗缺铁性贫血后，表现为呕吐和血性腹泻等。过量的铁在体内长期积蓄可造成慢性铁中毒，可表现为血色素沉着症，肝、胰、心脏和关节等组织器官纤维化。

（四）供给量与食物来源

成年人铁的适宜摄入量，男性为 15 mg/d，女性为 20 mg/d；成年人铁的可耐受最高摄入量为 50 mg/d。运动员需求铁的供给量较高，缺氧和受伤情况下也应增加铁的供给量。

膳食中含铁比较丰富的食物是动物肝脏和全血，肉类和鱼类中的铁含量也很高。植物性食物中的铁含量要略低于动物性食物，并且植物性食物中的铁多为三价铁，吸收率较低，而动物性食物中的铁为血红素铁，吸收率要高于植物性食物。蛋中的铁含量虽然较高，但是吸收率偏低，仅为 3%。

八、锌

20 世纪 60 年代，学术界发现伊朗某一地区的大多数人身材矮小，发育迟缓，经过深入研究，发现引起此种病症的原因是由于锌摄入不足导致的，通过补充锌，不良症状随之消失。由此，人们逐渐认识到锌在维持人体健康中的重要作用。

（一）含量与分布

锌是除铁外，体内含量最多的必需微量元素，成年人体内锌含量约为 2 g～2.5 g，所有的组织器官中都能够找到锌，其中肝脏、肾脏、肌肉和视网膜中的锌含量较高。

（二）生理功能

锌对于维持人体机能的正常运转有着积极意义，有助于生长发育和智力发育，有助于增强人体的免疫力，加快身体新陈代谢。

（1）金属酶的组成成分或酶的激活剂。有关资料显示，人体内含有多种酶，其中约有 200 种酶中都含有锌，这种酶被称为含锌酶，主要的含锌酶有超氧化物歧化酶、苹果酸脱氢酶、乳酸脱氢酶等，在参与组织呼吸、能量代谢中发挥着重要作用。酶的特点之一就是具有活性，RNA 聚合酶、DNA 聚合酶等活性的维持需要特定的微量元素，而锌则是其中之一。

（2）促进生长发育。蛋白质合成的过程需要锌的参与，细胞生长、分裂的过程也离不开锌。机体内锌含量不足不仅会对核糖核酸、脱氧核糖核酸的合成造成不利影响，同时也会妨碍蛋白质的合成，使得细胞分裂减少，进而引发生长停滞风险，对胎儿生长发育、性功能和性器官的发育造成不良影响。

（三）缺乏与过量

学术界对于锌缺乏问题进行了大量的研究，结果发现，以下三种因素最容易引起锌缺乏：一是膳食摄入不均衡，动物性食物中含有丰富的锌，如果具有挑食、偏食等不良饮食习惯，动物性食物摄入不足，就有可能引发锌缺乏；二是生理需要量增加，人体所需的锌含量并不是固定不变的，特别是处于怀孕期和哺乳期的妇女，以及婴幼儿对于锌的需要量要高于普通人，如果未注意这些群体的特殊需求，及时增加锌的供给量，就有可能出现锌缺乏；三是因为疾病原因导致的锌的过量分解和排出，引发的锌缺乏，其中腹泻、急性感染、糖尿病、创伤等是引发锌缺乏的主要疾病，另外为了缓解肾病会让患者服用某些利尿药物，这些药物会使得锌随着尿液排出体外。缺锌可引起食欲减退或异食癖、皮肤干燥粗糙、脱发、伤口愈合困难等表现。儿童缺锌表现为生长发育迟缓，青少年缺锌表现为第二性征发育不全，性成熟推迟。成人长期缺锌可导致性功能减退、精子数量减少、胎儿畸形等。运动员缺锌会使运动能力降低。

盲目过量补锌或食用因镀锌罐头污染的食物和饮料等，可能引起锌过量或锌中毒。过量的锌可干扰铜、铁和其他微量元素的吸收与利用，影响中性粒细胞和巨噬细胞活力，抑制细胞杀伤能力，损害免疫功能。成年人摄入 2 g 以上锌可发生锌中毒，引起腹痛、腹泻、恶心、呕吐等临床症状。

（四）供给量与食物来源

成年人锌的推荐摄入量为男性 15 mg/d，女性 11.5 mg/d；成年人锌的可耐受最高摄入量为男性 45 mg/d，女性为 37 mg/d。

锌的来源较广泛，贝壳类海产品（如牡蛎、海蛎肉、蛏干、扇贝）、红色肉类及动物内脏均为锌的良好来源。蛋类、豆类、谷类胚芽、燕麦、花生等也富含锌。

第六节　维生素

一、概述

（一）命名

维生素有三个命名系统，一是按发现的时间顺序，以英文字母顺序命名，如维生素 A、维生素 B、维生素 C、维生素 D、维生素 E 等；二是按其生理功能命名，如抗坏血病维生素、抗干眼症维生素和抗凝血维生素等；三是按其化学结构命名，如视黄醇、硫胺素和核黄素等（表 2-6-1）。

表 2-6-1　维生素命名

以字母命名	以化学结构命名	以生理功能命名
维生素 A	视黄醇	抗干眼病维生素
维生素 D	钙化醇	抗佝偻病维生素
维生素 E	生育酚	
维生素 K	叶绿醌	抗凝血维生素
维生素 B_1	硫胺素	抗脚气病维生素
维生素 B_2	核黄素	
维生素 B_5	烟酸/烟酰胺	抗癞皮病维生素
维生素 B_6	吡哆醇/醛/胺	
维生素 C	抗坏血酸	抗坏血病维生素

（二）分类

1. 脂溶性维生素

脂溶性维生素是指不溶于水而溶于脂肪及有机溶剂（如苯、乙醚、氯仿等）的维生素，包括维生素 A、维生素 D、维生素 E、维生素 K。在食物中，它们常与脂类共存，其消化、吸收、运输、排泄过程与脂类密切相关，可储存于脂肪组织和肝脏中。

2. 水溶性维生素

水溶性维生素是指可溶于水的维生素，包括 B 族维生素和维生素 C，在食物烹调加工中易损失。大多数水溶性维生素常以辅酶的形式参与机体的物质代谢。水溶性维生素在体内仅有少量储存，当机体达到饱和后摄入的维生素较易从尿中排出；反之，若组织中维生素耗竭，则摄入维生素将被组织大量利用，从尿中排出量减少。

二、维生素 A

（一）概念

维生素 A 类是指含有 β-白芷酮环的多烯基结构，并具有视黄醇生物活性的一大类物质。狭义的维生素 A 是指视黄醇，广义的维生素 A 则包括已形成的维生素 A 和维生素 A 原。

（二）生理功能

1. 维持正常视觉

维生素 A 是合成视网膜杆状细胞内的感光物质——视紫红质的原料，视紫红质具有感受弱光的作用，使人能在暗处看清物体。如果维生素 A 缺乏，视紫红质合成不足，对弱光敏感度降低，使暗适应时间延长，夜间视力减退，产生视力低下和夜盲症。

2. 维持上皮的正常生长与分化

维生素 A 与上皮细胞的正常形成有关。维生素 A 与磷酸构成的酯类是合成糖蛋白所必需的糖基的载体，而糖蛋白参与上皮细胞的正常形成和黏液分泌，是维持上皮细胞生理完整性的重要因素。缺乏维生素 A 时，上皮细胞分泌黏液的能力丧失，出现上皮干燥、增生及角化、脱屑等症状，以眼、呼吸道、消化道、尿道等上皮组织受影响最为明显。如果累及泪腺上皮，泪液分泌减少，会造成干眼症，严重时可致角膜软化、穿孔，甚至失明。

3. 促进生长发育

视黄醇和视黄酸对于胚胎发育是必需的，能够促进生长发育。缺乏维生素 A 则体重下降，骨骼生长不良，生长发育受阻。孕妇缺乏维生素 A 可导致胚胎发育不全或流产。

4. 维持机体正常免疫功能

大量研究表明，维生素 A 对维持机体免疫系统的正常功能具有重要的作用，维生素 A 缺乏可影响抗体生成，也可以导致胸腺上皮细胞分化，使机体免疫功能降低，呼吸道、消化道感染率增加。

（三）缺乏与过量

1. 维生素 A 缺乏

婴幼儿和儿童维生素 A 缺乏的发生率远高于成年人，这是因为孕妇血中的维生素 A 不易通过胎盘屏障进入胎儿体内，故新生儿体内维生素 A 储存量低。维生素 A 缺乏最早的症状是暗适应能力下降，严重者可致夜盲症；维生素 A 缺乏可引起干眼症，进一步发展可致失明。

2. 维生素 A 过量

摄入大剂量维生素 A 可引起急性中毒、慢性中毒及致畸。少数对维生素 A 毒性敏感的人每天摄入 6 000 IU～35 000 IU 的维生素 A，也会发生慢性中毒。

三、维生素 D

（一）概念

维生素 D 类是指含环戊氢烯菲环结构并具有钙化醇生物活性的一大类物质，以维生素 D_2（麦角钙化醇）和维生素 D_3（胆钙化醇）最为常见。动物皮肤和脂肪的 7- 脱氢胆固醇及植物油、酵母菌或麦角中的麦角固醇经紫外线照射后可分别转化为维生素 D_3 和维生素 D_2。

（二）生理功能

维生素 D 的主要生理功能是促进小肠对钙、磷的吸收，调节钙、磷代谢，维持血清钙、磷浓度稳定,促进钙、磷在骨骼中的沉积,从而促进骨骼生长发育。儿童缺乏维生素D使骨骼和牙齿的生长发育不良,易发生佝偻病;成年人缺乏维生素D可使骨骼脱钙,而致骨质疏松或发生骨软化症。

(三)缺乏与过量

1. 维生素D缺乏

维生素D缺乏可导致肠道吸收钙和磷的量减少,肾小管对钙和磷的重吸收减少,影响骨钙化,造成骨骼和牙齿矿化异常。婴儿缺乏维生素D将引起佝偻病;对成年人而言,尤其是孕妇、乳母和老年人,可使已成熟的骨骼脱钙而发生骨质软化症和骨质疏松症。

2. 维生素D过量

过量摄入维生素D可引起维生素D过多症。维生素D的中毒剂量虽然尚未确定,但摄入过量的维生素D可产生副作用。维生素D中毒表现为食欲不振、体重减轻、恶心、呕吐、腹泻,严重的维生素D中毒可导致死亡。

四、维生素E

(一)概念

维生素E类是指含苯并二氢吡喃结构、具有α-生育酚生物活性的一类物质。目前已知有四种生育酚(即α-T、β-T、γ-T、δ-T)和四种生育三烯酚(即α-TT、β-TT、γ-TT、δ-TT)。

(二)生理功能

1. 抗氧化作用

维生素E是高效抗氧化剂,在机体内保护细胞免受自由基损害。维生素E与超氧化物歧化酶、谷胱甘肽过氧化物酶一起构成机体内抗氧化系统,保护生物膜(包括细胞膜、细胞器膜)上多烯脂肪酸、细胞骨架及其他蛋白质的筑基免受自由基攻击。

2. 促进蛋白质更新合成

维生素 E 可促进蛋白质更新合成，促进某些酶蛋白的合成，降低分解代谢酶（如 DNA 酶、RNA 酶、肌酸激酶等）的活性，再加上清除自由基的能力，使其总的效果表现为促进人体正常新陈代谢，增强机体耐力，维持骨骼肌、心肌、平滑肌、外周血管系统、中枢神经系统及视网膜的正常结构和功能。

3. 预防衰老

随着年龄增长体内脂褐质不断增加。脂褐质俗称"老年斑"，是细胞内某些成分被氧化分解后的沉积物。补充维生素 E 可减少脂褐质形成，改善皮肤弹性，使性腺萎缩减轻，提高免疫能力。维生素 E 在预防衰老中的作用已越来越受到重视。

4. 其他

维生素 E 还可抑制肿瘤细胞的增殖；维生素 E 还与动物的生殖功能和精子生成有关。

（三）缺乏与过量

1. 维生素 E 缺乏

维生素 E 缺乏较为少见，但可出现在低体重的早产儿和脂肪吸收障碍的患者中。维生素 E 长期缺乏者血浆中维生素 E 浓度会降低，导致红细胞膜受损，红细胞寿命缩短，出现溶血性贫血，给予相应治疗可好转。缺乏维生素 E 还可出现视网膜退行性病变、肌无力、神经退行性病变等。

2. 维生素 E 过量

在脂溶性维生素中，维生素 E 的毒性相对较小。大剂量摄入维生素 E（每天摄入 800 mg～3200 mg）可能出现中毒症状，如肌无力、视力模糊、复视、恶心、腹泻，以及出现维生素 K 吸收和利用障碍等。目前不少人自行补充维生素 E，但每日摄入量以不超过 400 mg 为宜。

五、维生素 C

早年发现维生素 C 能预防和治疗坏血病，故称为"抗坏血酸"。

（一）性质

维生素 C 呈酸性，在酸性溶液中较稳定，对热、氧、碱都不稳定，尤其在铜、铁等金属离子存在的情况下，更容易被氧化破坏，在烹调中损失较多。

（二）生理功能

1. 抗氧化作用

维生素 C 是一种很强的抗氧化剂，可直接与氧化剂作用，以保护其他物质免受氧化破坏，也可还原超氧化物、羟基、次氯酸等活性氧化剂，所以维生素 C 在体内氧化防御系统中起重要作用。

2. 作为羟化反应的底物和酶的辅因子

维生素 C 作为羟化反应的底物和酶的辅因子参与多种重要的生物合成过程，包括胶原蛋白、肉碱、某些神经递质和肽类激素的合成，以及酪氨酸代谢等，从而发挥重要的生理功能。维生素 C 缺乏时，由于胶原基质合成障碍，细胞间不能正常连接，导致毛细血管通透性增加，易出血，牙齿和骨骼发育不良，即坏血病。

3. 其他作用

维生素 C 促进肠道 Fe^{3+} 还原为 Fe^{2+}，有利于非血红素的吸收。维生素 C 也可通过促进胆固醇向胆酸转化、减少过氧化物形成等作用防治心血管疾病。

（三）缺乏与过量

人体缺乏维生素 C 可患坏血病。主要临床表现是毛细血管脆性增加，牙龈肿胀、出血、萎缩，常有鼻出血、月经过多及便血等慢性出血疾患。维生素 C 在体内的代谢终产物是草酸，长期过量服用维生素 C 可出现草酸尿，甚至形成草酸结石。大量使用维生素 C 可能造成维生素 C 依赖症，如果骤然停服，则体内代谢仍维持在高水平，会很快消耗体内储备。所以，若停服维生素 C 或降低剂量，应当逐渐进行，使机体有适应的过程。

第七节 水

水是人体需要量最大、最重要的营养素。人们常说"鱼儿离不开水",其实人也离不开水。水是人体的重要组成成分,又是维持生命的最重要物质。

一、人体内水含量与分布

水在人体内的含量随年龄、性别而异,年幼者水含量高,随年龄增长,水含量相应减少。初生婴儿水含量为75%~87%,成年男性水含量约为体重的55%~65%,女性约为45%~55%。两个体重相同的人,胖者因体内脂肪含量多,而水含量则少于瘦者。

虽然体内水含量很高,但表面上并不表现出有大量水存在。人体内的水按其存在状态,可分为自由水和结合水。自由水具有流动性;结合水是指与细胞内的大分子物质如蛋白质、多糖、磷脂等结合成亲水胶体的水,或与钾、钠、氯以及其他离子结合成水化离子的水,其显著特征是失去流动性。无论是细胞内液还是细胞外液,水都不是完全以自由水的状态存在的,所以机体得以保持一定的形态。

二、水平衡和需要量

(一) 水平衡

人体内的水不断排出,又不断补充,处于动态平衡。体内水的排泄途径有肾脏、肺、皮肤、肠道等,其中以肾脏最为重要。肾脏在排泄水的同时,对水有重吸收作用,故肾脏排泄量随体内水量而变化,对调节水平衡起重要作用。正常情况下,各种途径排出的水量基本恒定,约2 500 ml。因此,要维持体内水平衡,不断补充水是非常必要的。

水的摄入与排出必须保持平衡,否则会出现水肿或脱水。人体缺水或失水过多时,表现为口渴、黏膜干燥、消化液分泌减少、食欲减退、代谢缓慢、精神不振、乏力等症状。当体内失水达体重的10%时,影响生理功能;失水20%时,生命将无法维持。然而，饮水过多，会稀释消化液，不利于消化，故饭前饭后不宜过量饮水。

运动时产生大量热，同时还必须供给工作肌大量水。缺水则使机体温度升高，加重心血管的负担，有损体温调节并降低运动能力。研究表明，缺水对短时间力量性运动项目（如举重）的运动能力无明显影响，但对亚极量运动和耐力性运动项目有严重的影响。由于少年儿童的神经、内分泌及其他系统的功能尚未成熟，调节功能与代偿能力较差，因而缺水对其危害更大。所以应供给少年儿童充足的水，这对于进行体育训练的少年儿童更为重要。

（二）水的需要量

人体所需的水主要来源于三个方面：饮用水及各类饮料、固体食物中的水和代谢水。饮水是人体所需水的主要来源，代谢水和食物中水的变动较小，多以饮水进行调节，饮水时以少量、多次饮用至无口渴感为适量。水的需要量受年龄、体力活动、环境温度、膳食、疾病和损伤等多方面因素的影响。随年龄增长，水的相对需要量（每千克体重的需水量）下降。

三、水的种类

（一）普通饮用水

海水含高浓度的钠和氯，不能饮用。自然界中可以饮用的水为"淡水"，即河流、湖泊、泉水或地下水。自来水均来自这些水源，经过过滤、消毒后通过管道输送到用户。我国的生活饮用水水质标准规定：色度不超过15°，浑浊度不超过3°，不得有异臭、异味，不得含有肉眼可见物及毒物。

（二）蒸馏水

把普通饮用水加热成水蒸气，再冷却得到蒸馏水。蒸馏水比普通饮用水含更少的细菌和矿物质，饮用更安全，但长期饮用可能丧失从饮水中获得矿物质的机会。

（三）矿泉水

矿泉水是经地层过滤的地下水，含有较多矿物质，可提供人体需要的宏量元素和微量元素。地壳岩石或土层中含人体所需的元素，也含有害元素。因此，我国饮用矿泉水标准中限定了各种有害元素的含量，并要求其符合饮用水卫生标准。

（四）纯净水

普通饮用水经多层反复过滤，进一步除去细菌和一些大分子物质，饮用更为安全，但同时水中的矿物质也被滤掉了。

（五）去离子水

水通过阳离子交换树脂和阴离子交换树脂，去掉了所有的矿物质（阴离子和阳离子），就是去离子水。去离子水通常用于科学研究，防止精密分析时干扰物质介入。

（六）活性水

活性水又称"负离子水"，是通过科学手段，使水中氢氧原子的排列发生变化，氢键断裂，通过彼此交换，形成新的氢键，从而使水溶解度大大增强，成为活性水。由于该种水分子团比普通水小，渗透力强，含氧量高，溶解能力比自来水高出1倍，因而更容易被机体利用，有利于人体健康。但其作用及机制还有待深入研究。

（七）氟化水

一些地区水的氟含量较低，在水中加入微量的氟化物（0.5 mg/kg～1.0 mg/kg）有利于预防龋齿。但如果水中的氟含量较高，长期饮用可引起氟中毒。

第三章 合理膳食营养

本章主要介绍了合理膳食营养,主要从三个方面进行了阐述,分别是食物的营养价值、合理营养和合理烹饪。

第一节 食物的营养价值

人体所需能量和营养素的来源是各种食品,要了解膳食质量,就要了解各类食品的营养价值,以便摄入充足的营养物质和合理安排膳食。

食品的释义为,一切供人食用或者饮用的成品和原料,以及依据传统属于食品同时也属于药品的物品,但是不包括以治疗为目的的物品。严格意义上来说,食物指的是没有被特殊加工过的食物以及食品的原料,食品指的就是被加工后制作而成的具体的食物。例如,大米、面粉属于食物,而面条、粉条属于谷类制品。

自古至今,对食品进行分类的方法十分多样,还没有形成定论。

从来源和性质的角度看,食品可以划分成三种类型:①动物性食品,如畜肉类、禽肉类、奶类、蛋类、水产品等;②植物性食品,如粮谷类、豆类、薯类、蔬菜水果等;③各类食品的制品,是指以动物性、植物性天然食物为原料,通过加工制作的食品,如奶油、酒、罐头、糕点等。

依照中国居民膳食指南,食品可以划分成五种类型:①谷类及薯类:谷类包括米、面、杂粮,薯类包括马铃薯、山药、芋类等,主要提供碳水化合物、蛋白质、膳食纤维及B族维生素;②动物性食物:包括肉、禽、鱼、奶、蛋等,主要提供蛋白质、脂肪、矿物质、维生素A和B族维生素;③豆类及其制品:包括大豆及其他干豆类,主要提供蛋白质、脂肪、膳食纤维、矿物质和B族维生素;④蔬菜水果类:包括鲜豆、根茎类、叶菜、茄果等,主要提供膳食纤维、矿物质、维生素 C 和胡萝卜素；⑤纯能量食品：包括动植物油、淀粉、食用糖和酒类，主要提供能量，植物油还可提供维生素 E 和必需脂肪酸。

依据中国居民平衡膳食宝塔，其中有九类食物：谷类、蔬菜、水果、奶及奶制品、油脂、豆类、肉、鱼、蛋。前五种是许多国家共同采用的食物类别，后四种在不同国家有不同的分类，有的国家把坚果、糖和薯类归为一类。我国把豆类单列的理由是，其营养价值高、经济实惠，有助于减少胆固醇和饱和脂肪酸的摄入，而实际摄入量低；肉、鱼、蛋不列成一类的理由是，我国居民实际摄入量相差很大，这些食物的脂肪和胆固醇含量相差也很大，因此不能笼统地建议一个包含肉、鱼、蛋的总量。

此外，还可从功能的角度将食品划分为保健食品、治疗食品等；从原料的角度将食品划分为传统食品、转基因食品等；从安全性角度将食品划分为有机食品、绿色食品、无公害食品等。

一、食品营养价值的评定及意义

（一）食品营养价值的评定

1. 食品营养价值

食品的营养价值指的是，具体食品所含有的能量和营养素对人体营养需求的满足程度。要评定其营养价值的高低，就要看其营养素的种类、数量、相互比例、消化吸收的难度等。一般来说，一种食品不会各种营养价值都很高，而是相对的。例如：奶类食品中营养价值高的是蛋白质，铁就比较低；蔬菜类食品中营养价值高的是维生素、矿物质和膳食纤维，蛋白质、脂肪就比较低。就算是同一种食品，其品种不同、所属部位不同，或者产地、加工方法有差异，那么其营养价值也不等同。

2. 食品营养价值的评定

（1）营养素的种类与含量

食品营养价值的评定，必须要关注其中营养素的种类和含量。通常而言，食品中含有的营养素的种类和含量越能够满足人体需要，其营养价值就越高。但评定过程中,对营养素的种类和含量进行测量和确定,可以采取化学分析法、仪器分析法、微生物法、酶分析法等,或者借助食物成分表进行粗略评定。

(2)营养素质

营养素是评价食品营养价值的关键,其种类和含量固然重要,但是其质也不容忽视,而要分析评定营养素的质,就要看其能够被消化利用到何种程度。在实际评定中,一般是开展动物喂养实验及人体试食试验,按照此结果,以及生长、代谢、生化等指标与对照组的比较分析,才可以明确食品的营养素质。

(3)营养素在烹调加工中的变化

蛋白质中除赖氨酸以外的其他氨基酸比较稳定;碳水化合物因其来源丰富,一般不担心损失;脂类的主要损失是必需脂肪酸在脂肪酸败中遭破坏;矿物质除溶于水流失外亦较稳定;维生素最不稳定,在各种烹调加工中都易被破坏,所以人们通常最关心的是维生素的损失。影响维生素稳定性的因素包括如下几种:

①脂溶性维生素容易受到脂肪酸败、紫外线、氧化剂的影响。

②维生素 C 容易受到碱、氧气、加热、金属离子和紫外线的影响。

③维生素 B_1 容易受到碱和加热的影响。

④维生素 B_2 容易受到光、碱的影响。

3. 营养质量指数

营养质量指数(index of nutrition quality,INQ)是汉森(Hansen)等人于 1979 年指出的用来对食品营养价值进行评价的指标。

早在 1973 年,汉森及同事根据营养素密度设计了一种食物营养质量指数。他们根据成人最低能量需要 2 000 kcal,建立 1 000 kcal 能量单值营养素供给量,从而将每种营养素的膳食营养素推荐供给量转换为 1 000 kcal 的供给量。

一份含能量 100 kcal 的食物所含某种营养素的量与 100 kcal 单值营养素供给量的比值即为该营养素的营养质量指数。例如,一份有 100 kal 的全脂奶含蛋白质 54 g,而推荐的 100 kcal 蛋白质供给量为 25 g,则牛奶蛋白质的营养质量指数约为 2.2。

在食品标签中,用 INQ 或 ND 指标来评价食品营养价值。选购食品时,应多选 INQ>1 的食品,因为 INQ>1 的食品在满足能量供给的同时也满足了营养素的供给。然而，INQ<1 的食品，如快餐食品，虽可满足能量需要，但不能满足一些必需营养素的需要，如果通过摄入 INQ < 1 的食品来满足必需营养素的需要，必然造成能量摄入过多，时间长了易导致肥胖。同时，更要少购买 INQ=0 的纯能量食品或净卡路里食品，如白糖、乙醇、纯淀粉，因为这些食品只提供能量而不提供必需营养素。

在营养流行病学研究中，可用 INQ 或 ND 作为指标来比较分析食物营养素与疾病之间的相关性。

（二）评定食品营养价值的意义

对食品的营养价值进行评定的意义主要表现为三个方面：首先，能够对一切食品的天然组分进行全面了解，如营养素、非营养因素、抗营养因素等，发现当前主要食品在营养素上的不足，从而明确对食品进行改造或者创新的方向，破除抗营养因素的干扰，实现对食品资源的充分利用。其次，能够对食品营养素在加工烹调时发生的变化和损失进行了解，从而找出避免营养素流失的方法，尽可能多地避免其流失，使食品营养价值最大化。最后，能够为人们对食品进行选择和对营养均衡的膳食进行配制提供参考和指导，从而帮助人们提升健康水平、强化身体素质、预防疾病等。

在对食物的营养价值进行评价时必须注意以下问题：

绝大多数天然食品中含有人体所需的一种以上的营养素。除了部分专门为特殊人群的全面营养而设计的特殊食品，如婴幼儿奶粉、宇航员食品等，其余食品的营养价值都是相对的。例如，以蛋白质论，鸡蛋的营养价值高，橘子的营养价值低；以维生素 C 论，鸡蛋的营养价值低，橘子的营养价值高。对缺乏蛋白质的人来说，豆类的营养价值很高；对蛋白质充足而缺乏维生素 C 的人来说，豆类的营养价值比不上白菜。平常所说的"营养价值高"的食品是指多数人容易缺乏的营养素含量较高，或各种营养素比较全面的食品。

各种食品所含有的能量和营养素都存在差异，即使是同种食品由于不同的品种和部位、不同产地、不同成熟程度等影响因素也会造成能量和营养素含量的差异，在选择时必须注意。

储存、加工、烹调等过程也会对食品营养价值造成影响。例如，米、面等被精加工制作后，其中的 B 族维生素会大量流失；食盐被精加工后，其中的碘会大量流失；水果被精加工为罐头，其中的维生素 C 会被破坏。同时，合理的、科学的加工也能够使食品营养价值得以保留，甚至提升。例如，大豆被加工成豆制品后，其中的蛋白质能够更好地被人体消化，面粉发酵后，其中的钙、铁、锌等矿物质能够更好地被人体吸收。以此类推，储存和烹调与食品营养价值之间也有着直接的关联。

对食品的营养基质进行评定，也不能忽视部分食品本身就具有的抗营养因素或毒性物质。例如，生大豆具有抗胰蛋白酶因子、鸡蛋具有抗生物素、菠菜具有草酸、高粱具有单宁等，这都会使食品中的部分营养素的吸收受到影响，甚至可能直接危害到人体健康。因此，适当的加工、烹调能够将这些抗营养因素去除。

食品的安全性是首要的，如果食品受到各种污染，就无法考虑其营养价值。日常生活中，食品中所提供营养素的种类和含量越接近人体需要，该食品的营养价值越高。

二、谷类食品的营养价值

谷类食品有小麦、稻米、玉米、小米、高粱等，其中最主要的就是小麦、稻米。谷类食物所提供的能量、蛋白质和维生素，在我国居民膳食中的比重分别为：50%~70%、40%~70%、60% 以上。根据中国总膳食调查，我国膳食构成中有将近一半是谷类食品，因此谷类食品被称为"主食"。

（一）谷类的结构和营养素分布

多数谷类种子的结构大致相似，其最外层都是谷壳，主要成分是硅，对谷粒起保护作用，可防害虫、防微生物、防机械损伤及防潮。去壳以后的谷粒，其结构可分为谷皮、胚乳和胚芽三个主要部分，其中谷皮占谷粒重量的 13%~15%、胚乳占谷粒重量的 83%~87%、胚芽占谷粒重量 2%~3%。

作为谷粒的外壳，谷皮的重要构成为纤维素、半纤维素，其中矿物质和脂肪较为丰富。谷皮不含淀粉，植酸含量也很高，不宜被食用，在加工过程中一般会变成糠，作为动物饲料。还有部分加工精度较低的谷物中，允许保留少量谷皮成分。

糊粉层位于谷皮与胚乳之间，其中的 B 族维生素和矿物质较多，有重要营养价值。但糊粉层的细胞壁较厚，不易被消化，而且含有较多酶类，影响产品的耐储藏性。在碾磨加工过程中，其很容易与谷皮同时被除去。

作为谷类的主要部分，胚乳中含大量淀粉和一定的蛋白质。蛋白质一般集中在其周围，距其中心越近，蛋白质就越少。胚乳容易消化，适口性好，耐储藏，但维生素和矿物质含量较低。精制米、精制面基本上只剩下胚乳。

胚芽位于谷粒的一端，是种子中生理活性最强，也是营养价值最高的部分，其中有着丰富的脂肪、蛋白质、矿物质、B 族维生素和维生素 E。从质地上看胚芽较软而有韧性，不易粉碎，但在加工过程中很容易和胚乳分离而丢失。

（二）谷类的营养价值

1. 蛋白质

谷类蛋白质的组成包括谷蛋白、白蛋白、醇溶蛋白、球蛋白，其中醇溶蛋白（醇溶蛋白中严重缺乏赖氨酸）和谷蛋白是其主要成分。谷类蛋白质含量因品种、气候、地区及加工方法不同而异，一般变动在 7.5%～15%。大米的蛋白质含量在 7%～9%，燕麦、荞麦的蛋白质含量较高。糊粉层和胚芽中的蛋白质、氨基酸比例合理，生物价也比较高，与胚乳内部越接近，蛋白质和赖氨酸含量就越少。然而，外层质量较高的蛋白质在谷类的加工精制中损失较大，保留下来的多是胚乳内部质量较差的蛋白质。通常而言，谷类蛋白质的必需氨基酸组成并不平衡，其中赖氨酸含量少，是谷类的第一限制氨基酸。此外，含量较少的还有苏氨酸、色氨酸、苯丙氨酸、蛋氨酸，所以从营养价值上看，谷类蛋白质不及动物性食品。

小麦蛋白质中最为缺乏的就是赖氨酸，玉米和高粱蛋白质中的色氨酸含量较少，生物价更不如小麦。大米中的蛋白质含量较低，然而醇溶蛋白含量较少，从质量上看，大米蛋白质优于小麦，其综合利用率和其他谷类也最为相近。燕麦和荞麦蛋白质中有着丰富的赖氨酸，生物价较高。

从中国居民的膳食结构看，多以谷物为主，谷物提供了人体所需的膳食蛋白，出于增加谷物蛋白质营养价值的考虑，往往会选取氨基酸强化和蛋白质互补的方法。例如，将谷类食品搭配豆类、奶类、蛋类或肉类来食用，这样其蛋白质的生物价会由于蛋白质的互补作用而大大提高。

2. 碳水化合物

淀粉是谷类主要的碳水化合物，其主要位于胚乳的淀粉细胞内，含量至少为70%。此外，谷类中的碳水化合物也包括糊精、戊聚糖、葡萄糖和果糖等。人类最理想、最经济的能量来源就是淀粉，谷类化合物所提供的能量占据我国居民膳食的50%~70%。

从葡萄糖分子的聚合结构上来看，谷类淀粉能够被划分为直链淀粉和支链淀粉，不同谷类食品中两种淀粉的含量也不同，这会对食用风味造成直接的影响。其中直链淀粉易溶于水，可以被 $\beta-$ 淀粉酶完全水解成为麦芽糖，更容易被人体消化；支链淀粉则相反，被淀粉酶水解的程度为54%，不容易被人体消化。在对血糖的影响上，两种淀粉都会使其增高，但是相比之下，直链淀粉的影响更小。糯米中含支链淀粉较多。

谷粒中含有2%~12%的膳食纤维，主要为纤维素和半纤维素，含有较少的果胶物质，其多位于壳中，此外还有部分膳食纤维位于谷皮和糊粉层中，胚乳中膳食纤维的含量几乎为零。所以精制的米面中仅有较少的膳食纤维。

3. 脂肪

脂肪在谷类中的含量很低，大米、小麦中脂肪的含量约为1%~2%，玉米和小米中脂肪的含量可达4%，其多位于糊粉层和胚芽。位于胚芽的脂肪所提取出的油脂具有较高的营养价值，其中亚油酸、卵磷脂和植物固醇含量丰富，还有大量的维生素E。在谷类加工时，大部分脂类转入副产品中。

4. 矿物质

矿物质在谷类中的含量为1.5%~3%，主要位于谷皮、糊粉层和胚芽中，且以磷和钙为主，钾、镁含量也较高，铁含量低。从矿物质看，小麦要优于大米，从钙和铁看，燕麦要优于一般谷物。谷类所含的植酸常常与钙、铁等矿物质形成不溶性的盐类，导致吸收不良。植酸和矿物质分布类似，多集中于谷粒的外层，胚乳中植酸含量几乎为零，所以加工精度低的谷类，钙、铁、锌等矿物质利用率低。

5. 维生素

B族维生素在膳食中的一个重要来源就是谷类，其中胚芽、糊粉层和谷皮含有较为丰富的维生素 B_1、烟酸、维生素 B_2、泛酸和维生素 B_6。越是精加工，谷类中的胚芽和糊粉层的损失就越大，保留的维生素就越少。从维生素 B_1 看，小麦粉优于大米，所以相比多吃精白米的人，多吃面的人有脚气的可能性较低。玉米和小麦含有少量胡萝卜素。玉米中烟酸为结合型，不易于人体利用，必须被适当加工变成游离型烟酸后才能被吸收利用。鲜玉米中含少量维生素C。谷类中不含维生素A和维生素D。

（三）加工、烹调和储藏对谷类营养价值的影响

1. 加工对谷类营养价值的影响

谷类的加工包括精制加工和食品加工。

精制加工指的是对谷类进行适当碾磨，将其中的杂质和糠皮去掉，这样能够使其感官性状得以改善，还能够使其更容易被人体消化和吸收。因为其中的含矿物质、维生素、蛋白质、脂肪等多位于胚乳周围和胚芽内，与胚芽中心越近，含量就越少，所以要保留这些营养素就要合理控制加工的方法和精度。一般来说，越是精加工，剩余的糊粉层和胚芽就越少，营养素也就越少，特别是B族维生素。

采取粗糙的加工方式，谷类能够出更多的粉（米），尽管能够保留更多的营养素，但是感官性状也会变差，同时也不容易被人体消化和吸收，因为其中有较多的植酸和纤维素，也会对其他营养素的吸收造成阻碍。例如，植酸会和铁、锌、钙等螯合成植酸盐，其无法被人体利用。20世纪50年代初，我国制造的标准米、粉（九五米、八五粉），相比精制米、面，其中含有的B族维生素、纤维素和矿物质更多，有助于节约粮食，以及对部分营养缺乏病进行预防。因此，要想为人民健康提供较好的保障，就应当研究和采用米、面营养强化工艺，以及对谷类加工进行改进，号召通过采用粗细粮混食等方式对精制米、面的营养缺陷加以避免。

食品加工对谷物的营养价值具有巨大影响，常见的食品加工方式如下。

（1）发酵：在发酵时谷类食品中部分淀粉和可溶性糖被消耗，酵母能够提供良好的B族维生素，面粉中多数植酸会因为酵母菌中的植酸酶而水解，钙、铁、锌能够更好地被人体吸收，并且，伴随酵母发酵的轻度乳酸发酵所生成的乳酸与钙、铁结合，能够形成更容易被人体利用的乳酸钙和乳酸铁。因此，发酵可增加B族维生素的含量，并使各种微量元素的生物利用率提高。

（2）烘烤：烘烤过程中温度很高，面粉蛋白质中赖氨酸的ε-氨基可与残基化合物（主要是还原糖）发生美拉德反应产生褐色物质，赖氨酸的生物利用率就会下降，同时温度高的情况下，B族维生素也会大量损失。

（3）油炸：油炸温度极高，经过油炸的谷类食品中的维生素B_1为零，维生素B_2和烟酸也仅剩不到原本的一半，油炸对谷类食品的营养机制伤害是最大的。

（4）糕点制作：以面粉为主料，添加糖、油脂和膨化剂等，含大量简单糖和脂肪，能量高。

（5）提取淀粉：谷类的淀粉被提取后能够加工制作为粉皮、粉丝、凉粉等。提取淀粉的加工工序较多，包括浸泡、磨浆、过滤、沉淀、洗涤、干燥等，此时原本的蛋白质、维生素和矿物质几乎被完全损失，只剩下淀粉以及极少的矿物质，这些食品的营养价值也很低。

（6）方便面：方便面的主要制作工序就是油炸，其中的维生素会大量损失，失去营养平衡，同时易出现油脂氧化，对人体健康造成危害。

2.烹调对谷类营养价值的影响

经过烹调，谷类淀粉糊化，易于消化吸收，但可能造成营养素的损失，主要是B族维生素的损失较大，以维生素B损失最为严重，蛋白质和矿物质在烹调过程中损失不大。不同烹调方式造成的营养素损失程度不同，蒸、烤、烙等烹调方法营养素损失较少。

在淘洗之后，大米中会出现水溶性维生素和矿物质流失，维生素B_1为原本的40%~70%，维生素和烟酸为原本的75%~80%，矿物质为原本的30%。淘洗时不同的次数、浸泡时间，不同的水量和温度，都直接关系着大米中营养素的损失情况，其水温越高、越是反复搓洗、浸泡时间越长，大米就会损失越多的营养素。所以，不能过度淘洗，而是要结合米的实际情况适当清洗，尽量避免使用流水或者热水，也不能用力地反复搓洗。

（1）对于米类的食物，最佳的烹调方法就是煮和蒸，营养价值最低的就是捞饭且不喝米汤。此外，米饭蒸熟后保温时间越长，其保留的营养素就越少。

（2）对于面类的食物，烹调方法十分多样，包括蒸、煮、炸、烙、烤等，这些烹调方法造成的营养素流失也有差异。通常而言，蒸和烙的方法能够保留较多的营养素，煮面而不喝汤保留的营养素较少，会有大量营养素随面汤流失，俗语有"原汤化原食"，食用面条和饺子等食物时最好也喝汤，炸的方法对营养素的破坏最大，几乎留不下维生素。

玉米中有少量的烟酸，其不易于人体吸收。当在玉米粥、窝头、玉米饼中加入小苏打时，这些食品会增色、增香，变得更加好吃，同时烟酸也易被人体吸收和利用。

3. 储藏对谷类营养价值的影响

谷类储藏期间营养素的质与量受温度、湿度的影响较大，变化最明显的是脂肪。原粮种子含有天然抗氧化剂，可起保护作用。加工粮则会发生较为显著的变化，其主要表现为两方面：一方面，氧化会产生过氧化物和由不饱和脂肪酸被氧化后产生的醛、酮等羰基化合物，因而大米会出现陈米臭，玉米粉会出现油耗味等。另一方面，被脂肪酶水解产生甘油和脂肪酸，使粮食酸价增高。随着脂肪酸败，脂溶性维生素如维生素E和黄玉米中的胡萝卜素被破坏，B族维生素在储藏期间也减少。

在正常的储藏条件下，谷类种子的生命活动缓慢进行，其蛋白质、维生素、矿物质的含量不会发生较大的变化。如果环境变化，例如相对湿度和温度提升，谷粒内酶就会更具活性，呼吸作用变强，导致谷粒发热，霉菌生长，进而导致蛋白质、脂肪、碳水化合物分解产物堆积，最终霉变，此时的谷类种子感官性状变差，食用价值不高。因为谷类的储藏环境和水分含量存在差异，储藏时不同的维生素也会发生差异化的变化。所以，谷类的最佳储藏环境应当是避光、通风、干燥和阴凉的，这样霉菌和昆虫不容易生长繁殖，也能够尽量减少营养素被氧气和紫外线破坏，尽可能保持其营养价值。

三、豆类、豆制品和坚果类的营养价值

(一)豆类的营养价值

豆类可以划分成大豆类和其他豆类,前者包括黄豆、黑豆和青豆等,后者包括豌豆、蚕豆、绿豆、小豆等,这是我国居民膳食中优质蛋白质的重要来源。

1. 大豆的营养价值

(1)蛋白质。蛋白质在大豆中占据35%~45%,其质量和数量都较好。大豆蛋白质中的氨基酸与人体所需较为接近,营养价值较高,属于优质蛋白,其蛋白质中有丰富的赖氨酸,这是谷类所没有的,可以与之形成较好的互补,大豆蛋白质蛋氨酸含量较低。

和谷类有着明显差异的是,大豆中的营养素多位于籽粒内部的子叶中,种皮中的营养素几乎为零,所以加工时将大豆的种皮去掉也不会对其营养素造成损失。

(2)碳水化合物。碳水化合物在大豆中的含量为25%~30%,其中能够满足人体营养所需的仅为一半,包括淀粉、L-阿拉伯糖、半乳糖和蔗糖,剩下的是棉子糖和水苏糖,均不能被人体利用。棉子糖和水苏糖分布在大豆细胞壁内,由于肠道细菌能够产生二氧化碳、甲烷、氢气等,容易导致腹胀,所以也被叫作胀气因子。不过近年的研究表明这些低聚糖能够促进肠内双歧杆菌的生长,有利于人体健康。如今,大豆低聚糖也被用作功能性食品基料,能够在多种食品中对蔗糖进行一定的取代。

(3)脂类。脂肪在大豆中占据了15%~20%,这些脂肪中有85%的不饱和脂肪酸,其中亚油酸、油酸含量分别为50%、30%,此外维生素E和磷脂也较为丰富,容易地被人体消化吸收,大豆脂肪属于优质脂肪。

不同品种的大豆内的亚麻酸含量是不同的,一般在2%~10%。如今,人们更加喜欢低亚麻酸、高油酸和亚油酸的品种,原因在于高亚麻酸的油脂易氧化,在加工和储存期间不容易保持较好的营养价值。

(4)矿物质。大豆中的矿物质较多,相比谷类食物,大豆的钙含量较高,此外铁、锰、锌、铜、硒等微量元素也更为丰富。豆类是碱性食物,具有含量较

高的钾、镁，含量较低的钠，有助于缓解饮食中未能均衡摄入矿物质的问题，促进血液酸碱平衡。

（5）维生素。大豆含有较多的 B 族维生素，胡萝卜素在黄豆中较少，大豆油之所以呈现出黄色是因为含有类胡萝卜素。干大豆没有维生素 C 和维生素 D。

青豆（毛豆）是鲜嫩未完全成熟的大豆，蛋白质和脂肪的含量分别为 13.6%、5.7%，矿物质和维生素含量也较高，但是含草酸较多，其对于钙和铁的吸收不利。

2. 其他豆类的营养价值

其他豆类蛋白质约为 20%，脂肪较少，碳水化合物为 50%~60%，以淀粉为主，所以也叫作淀粉类干豆。其他营养素的含量与大豆近似。

3. 豆类的抗营养因素

豆类中含有一些抗营养因素，不利于某些营养素在人体中的消化吸收，甚至会危害健康。

（1）蛋白酶抑制剂。蛋白酶抑制剂，指的是能够对胰蛋白酶、胰凝乳蛋白酶、胃蛋白酶等 13 种蛋白酶进行抑制的物质，存在于大豆、棉籽、花生、油菜籽等植物种子中。其中最为普遍的是抗胰蛋白酶因子（或胰蛋白酶抑制剂），能够一定程度上抑制人体胰蛋白酶的活性，对蛋白质的消化吸收进行阻碍，以及对动物生长进行抑制。要想去除或者破坏抗胰蛋白酶因子，避免其负面作用，可以采取常压蒸气加热 30 分钟，或 1 kg 压力加热 10~25 min 等方法。脲酶具有更强的抗热能力，测定方法也更为简单，因此，要判断抗胰蛋白酶因子有没有被破坏可以通过脲酶反应。对于含有豆粉的婴幼儿代乳食品，我国食品卫生标准严格明确要求其脲酶试验必须是阴性。然而，近年来国外一些研究表明，蛋白酶抑制剂作为植物化学物可能具有预防肿瘤和抗氧化作用，因此，对其具体评价与应用还有待深入研究。

（2）豆腥味。大豆中脂肪氧化酶较为丰富，其会使得脂肪部分氧化，从而导致乙醛、乙醇及羰基化合物产生，这就是为什么会有豆腥味。它除了会导致豆腥味产生，还容易使被储藏的大豆中的不饱和脂肪酸氧化酸败。对于豆腥味，能够发挥一定消除作用的方法是 95℃以上加热 10~15 min。

（3）胀气因子。因为水苏糖和棉子糖在大豆中含量较高，是其碳水化合物含量的 50%，但是人体中对应的水解酶并不充足，它们就会在肠道微生物的影响下发酵导致胀气。而将大豆加工为豆制品后，胀气因子就不再存在。

（4）植酸。大豆内也有一定的植酸，会和铁、锌、钙、镁等螯合，导致其难以被人体吸收。对此可以将 pH 控制为 4.5~5.5，此时 35%~75% 的植酸会被溶解，但是不会对蛋白质造成破坏。

（5）皂苷和异黄酮。皂苷容易导致人的胃肠道产生不适，因此，以往被看作有害物质，但是如今研究已经发现皂苷和异黄酮能够发挥抗氧化、降低血脂的作用，尤其它们还能够发挥雌激素样作用，有助于抗溶血、抗真菌、抗细菌及抑制肿瘤。

（6）植物红细胞凝集素。植物红细胞凝集素是一种糖蛋白，其可以和人、动物的红细胞进行特异性结合，促使红细胞凝集，从而导致动物的生长受到阻碍，对人体产生毒性。对此可以采取加热的方法将其破坏去除。

（二）豆制品的营养价值

传统豆制品可以分为非发酵性豆制品、发酵性豆制品两类，前者有豆浆、豆腐、豆腐干、干燥豆制品等，后者有腐乳、豆豉、臭豆腐等。

1. 豆浆、豆腐脑和豆奶

（1）豆浆。将大豆浸泡一定时间，再将之碾磨、过滤，最后将之煮沸，就完成了豆浆的制作。一般来说，500 kg 豆可以出 4 kg 浆，其相比牛奶有较高的蛋白质，并且蛋白质的利用率高出 90%，其铁的含量比牛奶更高，为 2.5 mg/100 g，是后者的 25 倍，但是其他营养成分上并无优势。此外，生豆浆中的皂苷会使人恶心、呕吐、头晕、头痛、腹泻等，必须将其完全煮沸才能进食。

（2）豆腐脑。豆腐脑的制作较为简单，在豆浆中加入石膏水（含硫酸钙）并搅匀，等其静置并凝固即为制作完成，营养成分上和豆浆是一样的。

（3）豆奶。将大豆豆粕进行水浸、加热，并将精制的大豆磷脂、油脂或高营养调和油加进去，对其进行均质或超声共振，此时其中的大豆蛋白、油脂和磷脂就会结合为脂蛋白复合体且实现充分乳化，就能够制作出豆奶，豆奶和牛奶相比,在组分、感官、口感上都十分接近。如今去除豆腥味的工艺不断优化,相比豆浆,豆奶的色泽更优,口感和风味也更好,营养更为丰富,含有人体所需的8种必需氨基酸,且较为平衡、没有胆固醇。将之与维生素或其他营养物质搭配能够制成婴儿食品,这样不能接受牛奶和炼乳的婴幼儿也能够获得丰富的营养。此外,豆奶与其他饮品搭配制作的饮料十分多样,如果汁豆奶、菜汁豆奶、肉汁豆奶、低糖豆奶等。

2. 豆腐、豆腐干

煮沸的豆浆加卤水(主要成分为硫酸镁、硫酸钙等)或石膏水使蛋白质凝固,再经压榨去水就成为豆腐、豆腐干、千张等豆制品。

(1)豆腐。豆腐中的蛋白质约有92%~96%能够被人体消化,并且大豆本就富含钙,又有石膏和卤水这样的凝固剂,制作出来的豆腐就含有大量的钙和镁,并且还保留了大豆中原本的多数微量元素。但是,在制作中,大豆自身的水溶性维生素难以保留,且维生素B_1、B_2和烟酸也会有损失。

近年来,国内外使用新型凝固剂——葡萄糖内酯所生产的豆腐色白如玉,不流失黄浆水,0.5 kg大豆大约可做出2.5 kg~3 kg豆腐,含蛋白质达5%。

(2)豆腐干。相比豆腐,豆腐干、豆腐丝的水分含量较少,有约20%的蛋白质,这与瘦牛肉和鸡肉较为接近,比鸡蛋和瘦猪肉更高,其余营养成分与豆腐相似。

3. 腐竹和豆腐皮

将豆浆煮沸,待其冷却后,其表面会形成薄薄的凝固层,即为蛋白质和脂肪,将之取出并晾干,若是片状就是豆腐皮,也被叫作油皮,若是条状就是腐竹。它们的蛋白质和脂肪含量都较高,是极为优质的食品,并且有着较为丰富的矿物质和维生素。以豆腐皮为原料制作的素鸡、素火腿十分鲜美,同时比真正的鸡和火腿有着更高的营养价值。

4. 发酵豆制品

豆瓣酱、豆豉、臭豆腐、各种豆腐乳(红、白、臭及酒糟豆腐乳)都是大豆及豆制品经接种霉菌发酵后制成的传统食品。发生微生物作用后的豆制品能够产生多种具有香味的有机酸、醇、酯、氨基酸,并且能够更加容易地被人体消化和吸收。发酵后，相比之前，豆制品有着更多的维生素 B_2，有助于促进造血、营养神经。

5. 豆芽

将大豆用水浸泡一定时间就会发芽变为豆芽，相比大豆，豆芽不仅有原有的营养成分，还有更多的维生素 C，能够在冬天为人体提供维生素 C。其他营养成分与青豆相似，但矿物质和 B 族维生素含量较低。

6. 新型大豆制品

还有很多新型大豆制品，如浓缩蛋白、分离蛋白和组织化蛋白等，利用蛋白制品可制成一系列新型大豆制品，如素肉、素蟹、大豆蛋白饮料等。

新型豆制品的蛋白质、不饱和脂肪酸和 B 族维生素含量都比较丰富，但缺乏某些维生素，钙含量也较低。因此，在加工中可强化维生素 A、维生素 D、维生素 C 和钙等，以提高其营养价值。分离蛋白的蛋白质含量达 90%，可以用来强化或制成各种食品；浓缩蛋白含蛋白质 70%；组织化蛋白可做成肉丝状，有肉的口感，故俗称"人造肉"。

（三）坚果类的营养价值

坚果也叫作"壳果"，坚果可供食用的是其硬壳内的种仁子叶或胚乳。在商品贸易中，坚果和植物的干种子往往被归于同类。通常而言，坚果类食品可以划分成两类，其一为树坚果，如杏仁、腰果、松子、核桃、板栗等；其二是种子，包括花生、葵花籽、南瓜子、西瓜子等。

1. 蛋白质

坚果的蛋白质含量多在 13%～35%，栗子较低，仅 5% 左右。坚果类蛋白质的限制氨基酸因品种而异（表 3-1-1）

表 3-1-1　部分常见坚果的必需氨基酸含量（mg/100 g 可食部）

食品名称	赖氨酸	亮氨酸	异亮氨酸	苯丙氨酸	苏氨酸	色氨酸	缬氨酸	组氨酸	精氨酸
杏仁	730	未测出	923	1 192	716	未测出	未测出	558	2 004
榛子（干）	677	1 396	681	927	420	未测出	814	530	2 311

续表

食品名称	赖氨酸	亮氨酸	异亮氨酸	苯丙氨酸	苏氨酸	色氨酸	缬氨酸	组氨酸	精氨酸
山核桃（熟）	259	526	233	391	226	未测出	362	161	未测出
松子（仁）	556	879	400	475	402	161	500	246	2 080
核桃（干）	494	1 183	632	735	517	198	770	383	2 599
板栗（鲜）	242	323	167	225	175	78	226	123	353
白果（干）	364	622	425	425	501	197	698	197	1 457
花生（炒）	752	1 400	725	1 058	543	200	846	460	2 474
葵花子（炒）	680	1 323	839	942	735	321	1 107	522	1 907
南瓜子（炒）	959	1 862	1 003	1 304	860	638	1 427	710	4 306
西瓜子（炒）	805	1 881	1 023	1 372	904	600	1 351	742	4 680

2. 碳水化合物

大多数坚果的碳水化合物含量较低，以淀粉为主。栗子、莲子、白果等坚果的淀粉含量高。坚果类食品膳食纤维含量较高，甚至高于一般的谷类、蔬菜和水果。

3. 脂肪

大多数坚果脂肪含量高。坚果类食品的不饱和脂肪酸占总脂肪酸的比例较大，必需脂肪酸含量高，尤其富含卵磷脂。表3-1-2所列是部分常见坚果的脂肪酸含量。

表3-1-2 部分常见坚果的脂肪酸含量（g/100 g可食部）

食品名称	总脂肪酸	饱和脂肪酸	单不饱和脂肪酸	多不饱和脂肪酸
榛子（炒）	48.1	10.0	11.4	25.7
山核桃（熟）	48.6	3.6	36.0	8.7
松子（仁）	67.5	9.0	26.8	31.7
核桃（干）	56.2	4.8	8.8	42.8

续表

板栗（鲜）	0.7	0.1	0.2	0.4
花生（炒）	45.6	9.0	17.6	17.6
葵花籽（炒）	50.5	6.9	10.1	33.0
南瓜子（炒）	44.1	7.9	16.5	19.8
西瓜子（炒）	42.8	7.1	5.5	28.7

4. 矿物质

坚果含有镁、铜、锗、磷和锌。

5. 维生素

高油坚果类的维生素 E 十分丰富，B 族维生素含量也较高。杏仁中含较多核黄素。淀粉类坚果的维生素含量不高。

6. 合理食用坚果

坚果类虽然营养价值高，然而由于多数坚果的脂肪含量和能量较高，并不适合多吃，否则容易导致人体消化不良或者发胖等问题。因此，食用坚果时需注意以下问题：

（1）因大部分坚果含有丰富的油脂，所以高脂血症、冠心病、动脉硬化、糖尿病等患者应尽量不食用。

（2）部分坚果虽然能够被食用，但是其中也有一定的有毒物质。例如：马拉巴栗的脂肪酸中含有毒素甚至可能致癌的环丙烯酸，尽管好吃但不应多吃；木菠萝的种仁含植物红细胞凝集素，须煮熟后再吃。

（3）坚果出现油耗味表示变质，不应食用。

（4）尽量不对坚果进行高温油炸，这样易产生微量毒素。

（5）儿童应小心食用，避免噎食。

（四）加工、储藏对豆类和坚果类营养价值的影响

1. 加工对豆类营养价值的影响

多样化的加工方法能够将豆类制成各种各样的豆制品，制作而成的豆制品相

比之前蛋白质更易于被人体消化和吸收。例如，对大豆进行浸泡、制浆、凝固等，能够使原本的纤维素和抗营养因素被消除去除，也能够使原本蛋白质结构变得疏松，从而其中更容易被蛋白酶进入，进而促进消化。一般来说，完整的大豆的蛋白质有65%能够被消化，经过加工变为豆腐，则有92%～96%能够被消化，营养价值明显更高。

发酵后，大豆能够制作成豆腐乳、豆瓣酱、豆豉等，使得蛋白质中的一部分被分解，从而能够更好地被人体消化和吸收，同时部分营养素也会变多，如发酵的豆豉，因为微生物能够合成维生素B_2，每100 g豆豉中含维生素B_2 0.61 mg，高于其他豆类食品。

大豆和坚果类都是食用油脂的良好来源，但在油脂精炼过程中会造成磷脂、维生素E、胡萝卜素的损失。

2. 储藏对坚果类营养价值的影响

在一定的储藏期间内，由于坚果内含有大量维生素E，能够保证坚果中油脂的安全性，但如果储藏时间过长，尤其是去壳或破损后，容易引起脂肪氧化。因此，应将坚果密闭储存于避光、阴凉处。

花生如在高湿环境下储藏，容易被黄曲霉毒素污染，而一般烹调方式不能除去黄曲霉毒素，因此需要引起重视。

四、蔬菜、水果的营养价值

蔬菜、水果在我国居民膳食结构中的食物构成比分别为33.7%和8.4%，它们是居民膳食结构中不可或缺的重要组成部分。两者不仅碳水化合物、维生素和矿物质十分丰富，各种有机酸、芳香物质和色素等成分同样十分丰富，因此两者感官性状均较好，能够使人更具食欲、更易消化，有助于促进食品的丰富性和多样性。当然蔬菜和水果中的蛋白质和脂肪较少。

（一）蔬菜、水果的营养价值

1. 碳水化合物

蔬菜和水果内的碳水化合物主要有糖、淀粉、纤维素和果胶等物质。其中，胡萝卜、西红柿、南瓜和甜薯等糖分含量较高，而水果的糖分含量要普遍比蔬菜更高，也由于种类的品种的原因，各水果所含有糖分的种类和数量极为不同。例如，含有果糖多的有苹果和梨，含有蔗糖较多的有桃、李和柑橘类。除了糖分，淀粉在根茎类蔬菜中的含量也较多。

人类膳食中的纤维主要来自蔬菜和水果，两者有着较为丰富的纤维素、半纤维素、木质素和果胶，它们不参与人体代谢，但是有利于肠蠕动进而促进排便，同时能够减少甚至阻止胆固醇等物质的吸收，促进人体健康。果胶则是果酱、果冻加工中非常重要的一种有机化合物。

2. 维生素

新鲜的蔬菜和水果中有着丰富的维生素，提供了人体所需的维生素C、胡萝卜素、核黄素和叶酸。其中，维生素C主要集中于蔬菜的叶、花、茎内，大致与叶绿素的分布相同。通常而言，蔬菜颜色越深，所含的维生素C也就越多，而叶菜比瓜菜含有更多的维生素C。

大部分含有丰富的胡萝卜素的蔬菜是绿色、黄色或红色的，如胡萝卜、南瓜、苋菜等。

水果中含有丰富维生素C的有鲜枣、草莓、猕猴桃等，含有丰富的胡萝卜素的有芒果、橘柑、杏等。

3. 蛋白质

蔬菜、水果的蛋白质含量很低。

4. 矿物质

蔬菜和水果中的矿物质含量较高，如钙、磷、铁、钾、钠、镁、铜等较为丰富，能够为人体提供主要的膳食矿物质，有助于维持人体内酸碱平衡。

通常而言，每100 g绿叶蔬菜中有着至少100 mg的钙，1～2 mg的铁，菠菜、油菜等都是钙含量高的蔬菜。然而，蔬菜中的草酸会对自身钙和铁的吸收造成阻碍，也会对其他食物中钙和铁的吸收有所阻碍。所以在食用蔬菜的时候，除了要看其钙和铁的多少，还要看其草酸的多少。作为有机酸的一种，草酸具有溶于水的特性，因此需要先烫一遍蔬菜才能食用，能够将其中的一些草酸消除，促进钙和铁的吸收。

5. 芳香物质、有机酸和色素

蔬菜和水果中往往有着多种芳香物质和色素，因此，其有特殊的香味和颜色，有着更好的感官性状。

芳香物质是一种油状挥发性物质，也被叫作"精油"，包含醇、酯、醛和酮等主要成分。也有部分芳香物质不是油状，而是糖苷或氨基酸状态，这样的芳香物质要在被酶分解后才变为油状，有香味。

水果中的有机酸多数为苹果酸、柠檬酸和酒石酸，不同种类、不同品种、不同成熟度的水果中的有机酸种类和含量存在较大差异。水果未成熟时所含有的有机酸主要是琥珀酸和延胡索酸，柑橘类水果中有着较多的柠檬酸。这些有机酸有助于人体消化腺的分泌，使人更具食欲，能够更好地消化食物。同时，其也能够让食物始终有一定酸度，提高维生素 C 的稳定性。

蔬菜和水果中也有部分杀菌物质，以及具有特殊生理活性的植物化学物。例如，胡萝卜中的淀粉酶，生吃能够促进消化；苹果中的生物类黄酮，是天然的抗氧化剂，有助于保护心脑血管、预防肿瘤，还能够使维生素 C、维生素 A、维生素 E 等免遭氧化。

相比蔬菜，水果的营养价值较低，但是蔬菜往往要进行烹调，而水果则多直接食用，能够保留更多的营养素，同时其中的有机酸能够保护维生素 C，有着不可忽视的营养学价值。

还有部分野生蔬菜、水果相比人工栽培的蔬菜、水果有着更多的营养素。

（二）菌藻类的营养价值

菌藻类食物可以分为食用菌和藻类，这在我国的日常膳食中属于蔬菜类。食用菌指的是能够供人食用的真菌，也被叫作"真菌食物"。我国国土辽阔，地形、气候多样，食用菌的品种也十分丰富。通常而言，食用菌可以划分成野生菌、（人工）栽培菌，其中只有少数食用菌已经被栽培利用，由此可见，食用菌有着极大的开发潜力。目前，我国进行栽培并常作为食物的食用菌包括蘑菇、香菇、草菇、银耳、木耳、猴头及金针菇等。主要被食用的藻类为海带和紫菜。相比一般的动植物性食品，菌类和藻类蛋白质十分丰富，往往被同时提及。

1. 蛋白质

新鲜食用菌的蛋白质含量较少,一般是3%~4%,相比之下,干菌藻类食物内的蛋白质较多,在20%以上,并且大多数菌藻类蛋白质中的氨基酸多数是人体必需的,如有着极为丰富的赖氨酸和亮氨酸。

2. 碳水化合物

不同种类的菌藻类含有的碳水化合物存在差异,经过研究,许多菌藻类有着真菌多糖和海藻多糖。前者是菌类的主要碳水化合物,如香菇多糖、银耳多糖等,能够增强人体免疫力;后者是海藻类的主要碳水化合物,可以加快体内多余胆固醇的排出,促进部分有毒物质的排出。菌藻类膳食纤维含量较丰富。

3. 脂肪

食用菌含有较少的脂肪,仅为2%左右,且主要是不饱和脂肪酸。

4. 矿物质和维生素

菌藻类有着较多的矿物质,黑木耳中铁含量高,紫菜中有着丰富的镁,海带中钙、铁较多。藻类有着较多的碘,是碘的良好来源。

菌藻类维生素较为丰富,尽管维生素C较少,但相比一般蔬菜有着更多的核黄素、烟酸和泛酸等B族维生素。菌类中还含有维生素B_{12}。

(三)加工、烹调和储藏对蔬菜、水果营养价值的影响

1. 加工对蔬菜、水果营养价值的影响

若采取一定的加工工艺,蔬菜和水果可以成为罐头食品、干果、草干等。同时,其中损失的营养素多为维生素和矿物质,尤其是维生素C。

2. 烹调对蔬菜、水果营养价值的影响

基于蔬菜、水果在营养价值上的特点,进行烹调时要尽可能保留水溶性维生素及矿物质,尤其要避免对维生素C的破坏,它是最易在烹调过程中出现破坏的营养素。这种破坏主要与洗涤方式、切碎程度、用水量、pH、加热温度及时间有关。从洗涤方式上来看,要保留维生素C就要避免先切再洗,避免浸泡时间过长。从加热温度与时间上来看,最好的保留维生素C的方法就是80℃以上快速烹调。直接凉拌加醋的方式也能够保留较多的维生素C。此外,烹调好的食物要尽快食

用,这样感光性状较为良好,维生素损失也较少。总之,要避免蔬菜中维生素的损失就要重视加工和烹调的方法,最好是先洗后切,急火快炒,现做现吃。

3. 合理的家庭烹调方法

主要是在家中烹调食用的蔬菜,烹调方法对营养素的影响较大,必须采取合理的家庭烹调方法。

(1)择菜。在择菜时通常都会将叶菜的外部叶片摘除、丢弃,选择内层较嫩的部分,或者是将瓜菜、根茎类蔬菜的皮削去厚厚一层,这就会造成较大的浪费。同时,被丢弃的部分,如叶菜外部的绿叶和根茎类蔬菜外皮的部分,往往具有更高的营养成分和营养价值。例如,圆白菜的外部绿叶相比内部白心,其胡萝卜素要高出 20 多倍,矿物质和维生素 C 也更多。

(2)洗菜。洗菜的时候首先要避免叶片被损伤。若是先切再洗,就会使很多营养素溶于水而损失掉。尤其要注意的是切过的蔬菜不能在水中浸泡太久,这样可溶性营养素的流失将会更为严重。对于需要熬煮的蔬菜,切得要大一些;对于切成丝或者小片的蔬菜,要快速烹调,减少营养素高温下氧化的时间。

(3)烹调。烹调过程中,放入适量的醋,能够使维生素 C 对热的稳定性增加,避免损失过多。能够保留较多营养素的方式主要有凉拌、急火快炒和快速蒸煮。适于直接食用的蔬菜多凉拌生吃,或者在煮沸的水中焯 1 min 凉拌。对于胡萝卜素丰富的叶菜可以急火快炒,这样能够促进胡萝卜素的吸收。此外,炒菜的油温不能太高,时间不能太长,通常而言对于叶菜,炒菜时间最好是 2～3 min,此时蔬菜刚刚变软,能够避免维生素 C 损失过多,或者用带油的热汤将蔬菜烫熟。

4. 储藏对蔬菜、水果营养价值的影响

即使在采摘下来之后蔬菜和水果仍旧在持续发生生物、物理和化学变化,包括呼吸、发芽、抽薹、后熟、老化等,也必要妥善储藏,否则其鲜度和品质都会受到影响,食用价值和营养价值都会有所下降。

(1)蔬菜、水果的呼吸作用。水果和蔬菜一直在进行着呼吸作用,然而有氧呼吸过量也会使其氧化变快,其中的碳水化合物、有机酸等物质就会分解,从而导致风味和营养价值受到损失。因此,在储藏的时候要创造条件使蔬菜和水果减少厌氧呼吸和过旺的有氧呼吸,尽可能保留营养素。

（2）蔬菜的春化作用。这指的是蔬菜结束休眠期出现发芽或者抽芽的变化，如红薯发芽、大蒜发芽等。这时候蔬菜内的养分会快速而大量地消耗，营养价值受损。

（3）水果的后熟。这指的是水果被摘下来之后仍然逐渐成熟的变化。后熟能够使水果的风味和香气增加，果肉变软，更加适合食用，有助于水果质量的改善。部分水果必须要经历后熟食用价值才更高，但是此时的水果应快速吃完，不适合储藏。所以，要在水果没有完全成熟的时候采摘下来，设置合适的储藏环境，延缓后熟。

五、畜、禽、鱼类的营养价值

在中国居民的膳食结构中，畜肉、禽肉、鱼类食品也占有相当大的比重，是优质蛋白质、脂肪、矿物质和维生素的重要来源，具有良好的食用价值。

（一）畜、禽、鱼类的营养价值

1. 畜肉的营养价值

"畜肉"顾名思义就是牲畜的肉，包括猪、牛、羊等牲畜的肌肉、内脏、头、蹄、骨、血及其制品，通过食用畜肉，人们能够获得良好的蛋白质、脂肪、矿物质和维生素。由于牲畜的种类、年龄、肥瘦等存在不同，以及畜肉所属部位的不同，其营养素也存在许多差异。一般来说，肥瘦差异的肉之间的脂肪和蛋白质差异较大，内脏的脂肪较少，而蛋白质、维生素、矿物质和胆固醇较多。合理的加工和烹调能够使畜肉食品口感和风味更佳，更能饱腹和易于消化吸收。

（1）蛋白质。蛋白质在畜肉中的分布多位于肌肉组织处，含量为10%~20%，依据其在肌肉组织中的具体部位，可以划分为肌浆中的蛋白质、肌原纤维中的蛋白质、间质蛋白，这几种分别占总蛋白质量的20%~30%、40%~60%、10%~20%。

蛋白质中有着丰富的氨基酸，能够极大地满足人体所需，其氨基酸不管是种类还是比例和人体需要都极为适应，十分容易被人体消化和吸收，因此具有较高的营养价值。畜肉蛋白质属于优质蛋白质，但是其中占比较小的间质蛋白，主要分布于结缔组织,且为胶原蛋白和弹性蛋白,畜肉中的必需氨基酸从组成上来看很不平衡,如色氨酸、酪氨酸、蛋氨酸含量很少,因而利用率较低。

与此同时,畜肉中的一些含氮浸出物可以溶于水,如肌凝蛋白原、肌肽、肌酸、肌苷、嘌呤、尿素和氨基酸等非蛋白含氮浸出物,这也是为什么肉汤往往十分鲜美,而成年牲畜的营养素含量相比幼年牲畜要更为丰富。

(2)脂肪。由于肥瘦和所属部位的不同,畜肉中脂肪的多少也有明显不同。一般来说越肥的畜肉中脂肪含量越高,肥猪肉、猪里脊肉、猪五花肉中脂肪的含量分别为90%、7.9%、35.3%。

畜肉中的脂肪主要是饱和脂肪酸,具有较高的熔点,成分中多为甘油三酯,卵磷脂、胆固醇和游离脂肪酸较少。胆固醇主要在牲畜内脏中,猪瘦肉、猪脑、猪肝、猪肾中胆固醇一般分别为81 mg/100 g、2 571 mg/100 g、288 mg/100 g、354 mg/100 g。

(3)碳水化合物。畜肉中所含有的碳水化合物主要为糖原,且存在于肌肉和肝脏中,含量极少,并且储存时间较长的畜肉会由于酶的作用而发生糖原分解,从而使碳水化合物的含量变少。

(4)矿物质。畜肉中所含有的矿物质约为0.8%~1.2%,其中含量较多的是铁、磷,含量较少的是钙,尤其铁物质为血红素铁,生物利用率高,能够使人通过膳食摄入铁元素。

(5)维生素。畜肉中含有较为丰富的B族维生素,内脏中含有丰富的维生素A和维生素E。

2. 禽肉的营养价值

禽肉指的是鸡、鸭、鹅、鸽子、鹌鹑等禽类动物的肌肉、内脏及制品。

从营养价值上看,其与畜肉较为接近,然而在脂肪含量上有明显差异,禽肉含有较少的脂肪,且其不饱和脂肪酸含量比畜肉更高,有20%的亚油酸,熔点较低,同样能够很好地被人体所消化吸收。相较鸡、鸽子等禽类而言,水禽类动物的肉脂肪含量更高。其中的胆固醇含量同畜肉接近。与人体所需对比,禽肉蛋白质的氨基酸组成接近人体需要,含量约为20%。禽肉十分细嫩,有较多的含氮浸出物,用来炖汤更为鲜美。

3. 鱼类的营养价值

（1）蛋白质。鱼类中含有的肌肉蛋白质通常是15%～25%。由于鱼类肌肉组织中肌纤维细短，间质蛋白占比小，含有较多的水分，所以组织柔软细嫩，与畜、禽肉相比，更容易被人体消化，营养价值与畜、禽肉较为接近。鱼类食物中含量相对较少的氨基酸是色氨酸。有一些含氮浸出物存在于鱼类结缔组织和软骨中，并且以胶原和黏蛋白为主，鱼汤变冷后，这些物质就会变为凝胶。

（2）脂肪。脂肪在鱼肉中较少，多数含量是1%～3%。由于种类的差异，鱼肉中脂肪含量也有着明显不同，如鳗鱼、鳕鱼的脂肪含量分别约为10.4%、0.5%。同时，其脂肪多集中于皮下和内脏周围，少有在肌肉组织中的。

鱼肉的脂肪中约80%为不饱和脂肪酸，因而熔点低，常温下呈现出液态，有95%能够被人体消化吸收。此外，其中的长链多不饱和脂肪酸，如二十碳五烯酸（EPA）和二十二碳六烯酸（DHA），食用后能够降低血脂，对动脉粥样硬化进行防治。

鱼肉中的胆固醇通常是在100 mg/100 g左右，但是鱼子中胆固醇较多。例如，鲳鱼子、虾子胆固醇分别为1 670 mg/100 g、896 mg/100 g。

（3）矿物质。矿物质在鱼肉中含量为1%～2%，其中40%是磷，还含有丰富的钙、钠、氯、钾、镁。相比畜肉，鱼肉中钙含量更高，是人们膳食中钙的良好来源。海产鱼类含有丰富的碘。

（4）维生素。鱼类中有着丰富的维生素B_2，如黄鳝、河蟹、海蟹中分别含有维生素B_2 2.08 mg/100 g、0.28 mg/100 g、0.10 mg/100 g。而海鱼则含有较多的维生素A和维生素D，并多位于肝脏。部分生鱼中含有硫胺素酶，这会导致在存储或者生吃过程中维生素B_1被破坏，可以通过加热的方法去除硫胺素酶。

（二）加工和烹调对畜、禽、鱼类营养价值的影响

1. 加工对畜、禽、鱼类营养价值的影响

加工后，畜、禽、鱼类能够变成罐头食品、熏制品、干制品（肉松、肉干）、熟肉制品等，相比新鲜的畜、禽、鱼肉，这些食品能够保存更久，同时有着各自独特的风味，蛋白质在加工时也没有被较多地破坏或者损失，但是高温会导致B

族维生素损失。

2. 烹调对畜、禽、鱼类营养价值的影响

烹调对于畜、禽、鱼类食品中蛋白质的损害较小，反而会使其更适合被人体消化和吸收。炖和煮等方法对这些食品中的矿物质的影响也较小，但是会导致 B 族维生素损失较多。

若想避免畜、禽、鱼类食品中的 B 族维生素的大量流失，可以采取急火快炒的烹调方法；若要采取炖和煮的方法，那么就要多喝汤，汤中融入了较多的 B 族维生素。此外，烹调后的猪肝会损失部分维生素 A。

要获得骨头中的钙，可以在对其烹调的时候加入醋，使得钙被溶出，所以骨头汤、糖醋排骨中含有丰富的钙。

因为带骨肉罐头和鱼罐头在加工的时候进行了一定时间的加热，所以骨头变得酥软，溶出了大量的钙、磷、锌等矿物质，在食用前加醋烹调能够使其更多地融入汤汁里面。

用适当的温度进行油炸，能够使肉的表层蛋白质快速变形，从而使中间部分受到保护，熏烤也是如此。这两种烹调方法都会导致表层蛋白质利用率下降，B 族维生素损失。要想避免这种情况发生，可以在油炸的时候对肉进行挂糊和上浆，以此来降低营养素的破坏，而且能使肉质更加鲜嫩。

对于肉类食品，其储藏温度应不超过 18℃，且存储时间不宜太长，否则将会使蛋白质被分解，脂肪被氧化，B 族维生素出现损失等，特别是脂肪氧化会很严重。此外，肉类食品被切得越小、越细，储藏时间越短。

六、奶和奶制品的营养价值

奶类是一种天然食品，其营养成分齐全、组成比例适宜、易消化吸收、营养价值高，能够使初生婴儿迅速生长发育的所有需要被满足。生活中最常见的奶就是牛奶，对于母乳不足的婴儿、病人和老年人等的食用十分契合。不同于人乳，牛奶中含有更多的蛋白质，以及更少的乳糖。所以用牛奶代替母乳，就需要对其进行一定的调整，使其营养素的构成和人乳更加贴合，这样才能够更加利于婴儿成长发育。

人们通过食用奶类食品,能够摄入优质蛋白、维生素A、核黄素和钙。

奶类食品主要为牛奶、羊奶和马奶。

(一)奶的营养价值

奶是由水、脂肪、蛋白质、乳糖、矿物质、维生素等组成的复杂乳胶体,为乳白色,口味温和,略带甜味,并且有一种特殊的香味,是由低分子化合物如丙酮、乙醛、二甲硫、短链脂肪酸和内酯形成的。不同的奶各成分都极为稳定,只有脂肪存在较大差异,所以比重可作为评价鲜奶质量的简易指标。如表3-1-3所示为不同奶的营养素比较。

表3-1-3 不同奶的营养素比较(100 g)

营养素	人乳	牛乳	羊乳
水分(g)	87.6	89.8	88.9
蛋白质(g)	1.3	3.0	1.5
脂肪(g)	3.4	3.2	3.5
碳水化合物(g)	7.4	3.4	5.4
能量(kJ)	272	226	247
钙(mg)	30	104	82
磷(mg)	13	73	98
铁(mg)	0.1	0.3	0.5
视黄醇(μgRE)	11	24	84
硫胺素(mg)	0.01	0.03	0.04
核黄素(mg)	0.05	0.14	0.12
烟酸(mg)	0.2	0.1	2.1
抗坏血酸(mg)	5	1	—

1. 蛋白质

牛奶中蛋白质含量平均为3.0%,以酪蛋白、乳清蛋白、乳球蛋白为主要组成成分,此三者在总蛋白质中的占比分别为79.6%、11.5%和3.3%。其中最多的就是酪蛋白，其氨基酸构成合理，能够很好地被人体消化吸收。

从蛋白质含量来看，牛奶是人乳的3倍左右，但是其中酪蛋白与乳清蛋白的比例是相反的。因此，对牛奶中的营养素进行调整的时候往往会使用乳清蛋白，这样牛奶的蛋白质构成就会更加贴近人乳，能够更好地满足婴幼儿生长发育的需要。

2. 碳水化合物

牛奶中只有一种碳水化合物，就是乳糖，并且相较人乳含量更少，只有蔗糖甜度的1/6，有助于调节胃酸，加快胃肠蠕动和消化液分泌，同时有助于加快钙的吸收和肠道乳酸菌繁殖，对腐败菌的生长进行抑制。用牛奶供婴儿食用时，不仅要对其蛋白质的含量和构成进行优化，也需要使其甜度有一定的增加。

有人饮用牛奶后发生腹痛、腹泻等症状，是因为肠道缺乏乳糖酶，无法消化乳糖，小肠内未消化的乳糖在大肠经细菌发酵分解产生大量气体，这种症状称为乳糖不耐受。

3. 脂肪

牛奶中脂肪含量约为3%~4%，其存在形式为微脂肪球，是良好的乳化状态，能够很好地被人体消化和吸收。其中有着复杂的脂肪酸组成，短链脂肪酸（如丁酸、己酸、辛酸）含量较高，这也是牛奶风味佳和易于消化的原因。亚油酸和亚麻酸分别占5.3%、2.1%，此外，卵磷脂、胆固醇含量较低。

4. 矿物质

牛奶中的矿物质十分丰富，是动物性食品中唯一的碱性食品。100 g牛奶中含钙104 mg，且吸收率高，是钙的良好来源。牛奶中磷、钾、钠、镁等元素含量也较高。牛奶中有较少的铁，用牛奶供婴儿食用时，需要额外补铁。

5. 维生素

牛奶中含有丰富的维生素，与人体所需十分契合，能够使人摄入较多的维生素B_{12}、维生素A、维生素B_6和泛酸。虽然其中烟酸不多，但是蛋白质中有较多的色氨酸，能够转化为烟酸。此外，牛奶中的维生素和奶牛的放牧方式有着直接的联系，相比冬春季的棚内饲养，放牧期牛奶中维生素A、维生素D、维生素C和胡萝卜素含量显著增加。

（二）奶制品的营养价值

奶制品有巴氏杀菌乳、奶粉、酸奶、炼乳、复合奶、奶油、奶酪等。

1. 巴氏杀菌乳

巴氏杀菌乳也叫作"消毒牛奶"，是将新鲜生牛奶进行过滤、加热杀菌再分装出售的饮用奶。这种制作方式仅仅使维生素 B_1 和维生素 C 有损失，其余方面和新鲜牛奶相比营养价值相似，市售巴氏杀菌乳往往对维生素 A 和维生素 D 等营养素进行强化。

2. 奶粉

依照食用要求，奶粉可分为全脂奶粉、脱脂奶粉、调制奶粉。

（1）全脂奶粉。对鲜奶进行消毒，使其水分减少70%~80%，借助喷雾干燥法使奶成为雾状微粒。这样的加工方法使得奶粉具有良好的溶解性，并且不会导致其色香味、蛋白质及其他营养成分有较大的损失。

（2）脱脂奶粉。与全脂奶粉相比，脱脂奶粉的生产工艺与其相同，只是要先对原料奶进行脱脂处理，这就会导致其脂溶性维生素损失。脱脂奶粉更适合腹泻的婴儿及要求低脂膳食的人群食用。

（3）调制奶粉。调制奶粉也被叫作"母乳化奶粉"，是基于牛奶，以母乳组成的模式和特点为参考进行调制的，其营养成分的种类、含量和比例与母乳十分贴近。例如，对牛奶中蛋白质的含量和构成进行调整，增加乳糖，对一些矿物质进行去除，对各类维生素和微量元素进行一定的强化等。这种奶粉易于消化吸收，利用率高，不仅能促进婴儿的正常生长发育，还可提高其抗感染能力。

3. 酸奶

酸奶属于发酵奶制品。其原料为新鲜奶、脱脂奶、全脂奶粉、脱脂奶粉或炼乳等，要在其中接种乳酸菌，并采取相应的工艺使其发酵，生活中最常见的酸奶就是酸牛奶。在乳酸菌的发酵作用下，原料奶中的乳糖会转为乳酸，蛋白质会凝固，脂肪会有一定程度的水解，使得酸奶具有独特风味。酸奶具有丰富的营养，能够更好地被人体消化和吸收，有助于胃酸分泌。乳酸菌中的乳酸杆菌和双歧杆菌为肠道益生菌，能够对肠道腐败菌的生长繁殖产生抑制，促进肠道菌相调节，避免腐败胺类形成,有助于人体健康。酸奶适合消化功能不良的婴幼儿、老年人饮用,可以有效减轻原发性成人型低乳糖酶症患者的乳糖不耐受症状。

4.炼乳

炼乳是浓缩乳,种类多样,根据成分,炼乳可以分为甜炼乳、淡炼乳、全脂炼乳、脱脂炼乳,在炼乳中加入维生素 D 等营养物质,能够将其制作为强化炼乳。现今生活中的炼乳主要品种有甜炼乳和淡炼乳。

(1)甜炼乳。甜炼乳是以巴氏杀菌乳为原料,将 15%~16% 的蔗糖添加进去,采取减压工艺使其浓缩到原体积的 40%。甜炼乳中有 40%~45% 的蔗糖,渗透压大,能够对多数细菌生长繁殖进行抑制,具有较长的保质期,但不能杀灭奶中的细菌,故成品只能放在阴凉处。甜炼乳多以罐头的形式保藏。由于糖分过高,需要在食用前加入大量水冲淡,因此蛋白质等营养成分相对较低,不宜用于喂养婴儿。

(2)淡炼乳。淡炼乳是无糖炼乳,也叫作"蒸发乳"。以消毒奶为原料,将之浓缩为原体积的 40%,再装罐密封,进行加热灭菌处理。淡炼乳和甜炼乳的不同之处表现在以下几方面。

①不加糖;②采取均质操作,也就是为避免脂肪上浮,以一定的压力和温度,使脂肪球变小,表面积变大,增加了脂肪球表面酪蛋白的吸附,脂肪球比重增大,上浮能力变小;③装罐密封后再经过一次灭菌消毒。

高温杀菌处理使得淡炼乳中的维生素 B_1 损失,如果进行增补,其营养价值与鲜奶几乎相同,同时对高温处理后形成的软凝乳块进行均质化处理,能够使脂肪球微细化,更适合消化吸收,因此适用于喂养婴儿。

5.复合奶

出于对市场鲜奶供应进行调节的目的,会在鲜奶生产旺季,把一些鲜奶加工为脱脂奶粉和无水奶油,并储存备用。当鲜奶供不应求的时候,把之前备用的脱脂奶粉和无水奶油进行分别溶解,以及按正常比例混合,再添加 50% 的鲜奶,就能够制成复合奶,其营养成分与鲜奶基本相似。

6.奶油

奶油也叫作"黄油",是将牛奶中分离的乳脂肪作为原料制作的产品。其含有丰富的脂肪,大约为80%,含有较少的水,不超过16%。其中基本上保留了牛奶中的脂溶性营养成分,还有少量矿物质,然而水溶性营养成分较少。奶油中主要为饱和脂肪酸,还有部分胆固醇。奶油一般被用来制作佐餐和面包、糕点。

7. 奶酪

奶酪是将牛奶作为原料,经过发酵、凝乳、除去乳清、加盐压榨、后熟等工艺制作而成的。相比牛奶,奶酪中流失了部分乳清蛋白和水溶性维生素,其他营养素都保留较好。在后熟发酵后,蛋白质和脂肪被部分分解,使得奶酪的消化吸收率增加,也因此有了独特风味,部分维生素在发酵后有所增加。奶酪含有丰富的蛋白质、维生素 A、B 族维生素和钙等营养素,并含有较多脂肪,能量较高。

(三)加工、储藏对奶和奶制品营养价值的影响

对于奶和奶制品而言,适当的加工不会使其中的蛋白质受到较大损失,然而无法较好地保留维生素和矿物质等。

1. 加热对奶和奶制品营养价值的影响

奶制品最常用的加工工艺是均质和杀菌,这就免不了要进行加热。对牛奶进行消毒杀菌的方法有:62℃~65℃,30 min 的低温巴氏杀菌;80℃~85℃,10 s~30 s 的高温巴氏杀菌;120℃~150℃,2s~8 s 的超高温瞬时杀菌。高温灭菌过程中要进行较长时间和较高温度的加热处理,这对于蛋白质的生物价无显著影响,而且有利于提高蛋白质的消化率。

加热或者高温储藏时间过长会引发美拉德反应,导致一定的赖氨酸损失,然而牛奶中的赖氨酸极为丰富,所以影响不大。

牛奶的沸腾时间过长,会导致容器壁上留有奶垢,这是由于营养素损失较多造成的。所以,要合理控制牛奶加热的时间,在其沸腾后立即停止加热,如用微波炉对牛奶加热 1 min~2 min。

2. 发酵对奶和奶制品营养价值的影响

酸奶、奶酪是乳酸发酵产物。乳酸发酵对奶制品的营养价值不但没有不良影响,反而还可提高蛋白质的消化吸收率及微量元素的生物利用率。乳酸菌还可抑制肠内的腐败菌,促进双歧杆菌的繁殖,对健康有益。

3. 脱水对奶和奶制品营养价值的影响

对奶制品进行脱水处理的方法主要包括喷雾干燥、滚筒干燥和真空冷冻浓缩三种。喷雾干燥法能够保留较多的营养素，蛋白质生物价和产品风味与鲜奶接近，但对水溶性维生素破坏较大，达20%～30%；滚筒干燥对赖氨酸和维生素影响极大，对蛋白质的水合能力也有较大损害，因而速溶性不佳；真空冷冻浓缩对产品品质影响较小。

4. 储藏对奶和奶制品营养价值的影响

鲜牛奶中的溶菌酶等抑菌物质，能在24 h内对微生物的大量繁殖进行抑制。但牛奶营养丰富，24 h后没有抑菌物质的作用，微生物会快速繁殖。因此，鲜牛奶必须储存在4℃以下，且时间不宜过长。

牛奶是维生素的良好来源，但维生素一旦见光易损失。故牛奶应用不透光的容器盛装，并存放在避光处。

经过浓缩和干燥处理的奶制品蛋白质、糖类和脂类浓度较高，需妥善保存才能够避免褐变，较好地保留赖氨酸等氨基酸，以及防止脂肪氧化与保持脂溶性维生素的稳定性。所以，相比全脂奶粉，脱脂奶粉能够保存更长时间。对奶粉采取隔氧、避光的包装材料，以及放置于阴凉位置，能够避免脂肪氧化和褐变。奶酪的储藏温度不能超过4℃，奶油的储藏温度不能超过0℃。

七、蛋类的营养价值

蛋类主要指鸡、鸭、鹅、鹌鹑、鸽子等禽类的蛋，鸡蛋是其中食用最普遍、销量最大的。尽管蛋类的形状、大小、色泽各有不同，然而不同种类的蛋在构造、成分和营养价值上大致相同。在我国居民膳食构成中，蛋类占1.4%，主要提供优质蛋白质。鲜蛋类能够制作出皮蛋、咸蛋、糟蛋、冰蛋、干全蛋粉、干蛋白粉、干蛋黄粉等蛋制品。

（一）蛋的结构

蛋的结构主要是蛋壳、蛋清和蛋黄。例如，鸡蛋的平均重量为50 g，其中11%是蛋壳，蛋壳中的碳酸钙、碳酸镁、蛋白质分别为96%、2%、2%，其厚度为300 μm～340 μm，布满了细孔，这些孔的大小为直径为15 μm～65 μm。新鲜蛋类的壳内外皆有一层膜，壳外为10 μm左右厚度的胶质薄膜，壳内紧贴70 μm左右厚度的间质膜，且在蛋的钝端间与蛋壳分离形成一气室。由于母鸡的品种不同，鸡蛋的蛋壳的颜色也不同，从白色到棕色，这和营养价值没有联系。

蛋清包括两部分，也就是稀蛋清和稠蛋清，前者在外层，后者包在蛋黄周围，为胶冻样。蛋黄表面包围有蛋黄膜，被两条韧带固定在蛋的中央。

（二）蛋的营养价值

鸡蛋中的可食用部分主要是蛋清和蛋黄，分别占57%、32%。如表3-1-4所示，为鸡蛋各部分的主要营养组成，其中的营养成分不是均匀分布的，多数矿物质、维生素和脂肪分布在蛋黄，蛋清是比较纯粹的蛋白质。

表3-1-4　鸡蛋各部分的主要营养组成（%）

营养素	全蛋	蛋清	蛋黄
水分	73.8～75.8	84.4～87.7	44.9～51.5
蛋白质	12.8	8.9～11.6	14.5～15.5
脂肪	11.1	0.1	26.4～33.8
糖	1.3	1.8～3.2	3.4～6.2
矿物质	1.0	0.6	1.1

1. 蛋白质

蛋类蛋白质含量在12.8%左右，并且蛋黄中含量相比蛋清更高。蛋白质在蛋清和蛋黄中的形态不同，前者是胶状性水溶液，包括卵白蛋白、卵黏蛋白、卵球蛋白等；后者以卵黄磷蛋白和卵黄球蛋白为主。鸡蛋内含的蛋白质中的氨基酸较为丰富，并且符合人体所需，尤其富含赖氨酸和蛋氨酸，同时其组成与合成人体所需模式较为契合，也就能够更好地被消化吸收，生物价极高，是非常优质的蛋白质。鸡蛋蛋白质是对食物蛋白质的营养价值进行评价的一大参考。

2. 碳水化合物

蛋类中的碳水化合物较少，糖分低，蛋清中的糖以甘露糖和半乳糖为主，蛋黄中的糖以含葡萄糖为主，多结合于蛋白质。

3. 脂肪

蛋中的脂肪多分布于蛋黄，为乳融状，多数是中性脂肪，并且有着部分卵磷脂和胆固醇，一般来说，单个鸡蛋的胆固醇在 290 mg 左右，可以说含量较高。此外，蛋中的脂肪为细小颗粒，能够较好地被消化吸收。

4. 矿物质

蛋中的矿物质也较为丰富，蛋中的钙基本上都是存在于蛋壳中的碳酸钙。同时，蛋中铁含量较高，由于铁与卵黄磷蛋白结合而对铁的吸收具有干扰作用，也不易于人体对铁的吸收。

5. 维生素

蛋中的维生素十分多样，维生素 A、维生素 D、维生素 B_1、维生素 B_2、维生素 B_6、维生素 B_{12} 等较为丰富，多分布于蛋黄。蛋黄之所以为黄色是因为核黄素、胡萝卜素和叶黄素，由于禽类的饲料不同和蛋内类胡萝卜素含量差异，蛋黄颜色深浅程度不同。

（三）加工、烹调和储藏对蛋类营养价值的影响

1. 加工对蛋类营养价值的影响

蛋类可以制成各种蛋制品。蛋类加工制品主要有皮蛋、咸蛋、糟蛋等。

（1）皮蛋（松花蛋）。皮蛋是我国独有的，有着特殊的风味。皮蛋的加工工艺主要有两种。其一是液浸法，也就是用纯碱 3.5 kg、石灰 12 kg、茶末 1 kg、盐 3.25 kg、氧化铅（俗称金生粉、黄丹粉、密陀僧）100 g～150 g，50 ℃ 热水 50 kg 拌料混合成液体，可以放入 1 000 只左右的鸡蛋，外面包上泥糠，放置于室温 21 ℃～27 ℃ 环境中，通常 20～40 天就能制作完成。其二是生包皮蛋，将纯碱 1.65 kg、石灰 4 kg、茶叶 150 g、五香粉 250 g、热水 15 kg、干泥 11.5 kg、氧化铅 50 g 混合拌匀成为泥状，可用于制作 1 000 只蛋，用这些泥料将蛋包起来，封进缸里。

在对皮蛋进行制作的时候之所以使用纯碱、石灰、盐等配料是为了让蛋白质凝固，同时使部分蛋白质分解产生二氧化碳和氢等，其中二氧化碳能够反应于蛋

清中的黏液蛋白产生暗褐色的透明体。皮蛋蛋黄为褐绿色是因为其中生成了硫化氢或硫化铁，蛋白质分解析出了氨基酸类物质就是皮蛋中的结晶。一般来说，在20℃环境中，皮蛋能够放置2个月。

因为皮蛋制作时使用了碱性物质，所以蛋中的B族维生素被损害，然而仍保留了较好的维生素A、维生素D。传统的皮蛋制作方法会将黄丹粉即氧化铅添进去充当品质改良剂，这能够使其更具风味，但是铅含量也会增加。如今已经有了"无铅皮蛋"，但多数与铅皮蛋相比在风味和色泽上较为逊色。

（2）咸蛋。咸蛋的其制作过程为：把蛋置入浓盐水内，或者在其表面敷上黏土、食盐混合物，放置一个月即可。咸蛋与鲜蛋相比较，在营养成分上相差无几，但是更为味美，易于消化，能够保存更长时间。

（3）糟蛋。糟蛋的制作过程为：把蛋浸入酒糟，放置两个月即可。制作时会生成醇类，进而造成蛋黄和蛋清凝固变性，还会生成乙酸，进而造成蛋壳软化，软化的蛋壳也使得糟蛋增加了部分钙盐。糟蛋含有较多的钙，是鲜蛋的40倍。

2. 烹调对蛋类营养价值的影响

鸡蛋的烹调方法包括煮整蛋、油煎、油炒、蒸蛋等，通常而言，不会对蛋类营养素造成过大损失，仅有少部分的维生素B_1会损失。加热能够发挥杀菌的作用，还能够使鸡蛋更易于消化和吸收。蒸、煮和炒的烹调方法能够使蛋白质吸收消化率高达95%。但是经过煎炸而变焦的蛋，消化率略微降低，维生素损失较大。

生蛋清的消化吸收率较低，约为50%，同时内有抗营养因素，如抗生物素（生物素结合蛋白）和抗胰蛋白酶等。而且，生蛋中可能会存在沙门菌。总之，最好不要生吃，而是将其加热至完全凝固，这样抗生物素和抗胰蛋白酶将被破坏。

3. 储藏对蛋类营养价值的影响

虽然鲜蛋能够一定程度上对细菌有所抑制，但是储藏对于其营养价值的影响仍旧很大。若是温度较高，那么其抑菌作用将迅速消退，造成微生物快速繁殖，最终腐败变质。最佳的储藏条件为：温度为1℃～5℃、相对湿度为87%～97%，这样一般可以保存4～5个月，还需保持恒温，减少温度变化。当存储温度不能控制时，可将其放入木屑和米糠中，也可以在其表面涂石蜡，这样能够在短期内避免细菌的入侵。将之放于3%的石灰水中，能够使蛋壳气孔封闭，半年内不会腐坏，但是这种蛋在煮的时候很容易破裂，气味也不佳。此外，硅酸钠也能够用于鲜蛋的储藏，放入10%硅酸钠中能够使鲜蛋一年内不腐坏，但是这样的蛋多数会散黄。

将鸡蛋放入0℃的冰箱，维生素A、维生素D、维生素B不会有显著的变化，但是维生素B_2、烟酸和叶酸会有部分损失。

通常情况下，鲜蛋的气室在蛋的纵轴上，为4 mm～11 mm，储藏过程中，蛋的水分会蒸发，所以气室会变大，当其超过蛋纵轴的1/3时，蛋可能就已经变质了。蛋内的蛋白质和酶等发生各种作用，蛋白会先分解，蛋黄就无法固定因而发生位移；蛋白膜会接着分解，因而发生散黄；接着蛋黄和蛋清会混合在一起，并逐渐腐败，蛋白质分解为硫化氢、胺类、粪臭素等分解产物，坏蛋会散发出恶臭。内部会有霉菌形成的黑斑，蛋黄贴在壳上，变成"贴壳蛋"。腐败变质的蛋是不能食用的。

第二节 合理营养

一、合理膳食

（一）合理膳食的概念及意义

所谓合理膳食属于综合性的概念，不仅借助对膳食的调配实现对人体所需能量和营养的补充，还需采取合理的膳食制度和烹调方法，从而使得营养素能够被更好地消化、吸收和利用。此外，也需平衡膳食构成，实现各类营养素的均衡摄入，以及防止部分营养素因烹调而损失过多，或者出现有害物质。

合理膳食也称"平衡膳食"或"健康膳食"，是指能达到合理营养要求、促进人体健康、预防疾病的膳食。展开来说，合理膳食可以将种类齐全、数量充足、比例合适的能量和各种营养素提供给机体。

对于合理营养而言，合理膳食是重要的物质基础和实现手段。在对膳食营养素摄入量标准进行制定的时候不能忽视这个基本准则，对营养学进行研究和全国人民健康水平提高，不能忽视这个最终目的。

（二）合理膳食的构成和要求

从广义上说，合理膳食就是合理营养，包括膳食平衡与合理的膳食制度，以及食物的适口性和清洁卫生等。

1. 膳食平衡

膳食平衡指的是食物所含有的营养素的种类应当齐全，数量和比例应该恰当。展开来说，膳食平衡主要包括：三大产能营养素之间的平衡；能量代谢与其密切相关的维生素之间的平衡；必需氨基酸之间的平衡；饱和脂肪酸、单不饱和脂肪酸和多不饱和脂肪酸之间的平衡；钙磷平衡；动物性食物和植物性食物之间的平衡等。具体要求如下。

（1）能量平衡。能量平衡指的是食物提供的能量要能够适当地满足人体的消耗，不能过多也不能过少，使人的体重在合适的范围内。

（2）蛋白质、脂肪与碳水化合物的比例。通常而言，蛋白质、脂肪、碳水化合物的能量供给占比应当分别是10%～15%、20%～30%、60%～70%，可以结合实际做出调整。出于特殊目的也可以不按照这个比例要求。例如，出于减重目的，可以增加蛋白质能量供给，减少脂肪供给，分别使之超出15%，低于20%。

（3）氨基酸的比例。人体有8种必需的氨基酸，若想达到膳食平衡就要求膳食中含有这8种氨基酸，且比例适当，同时还要补充其他与人体有益的氨基酸。

（4）钙磷比例。我国成人膳食中钙磷的比例应为1∶1。

（5）其他营养素的比例。随着人体内的代谢，各营养素之间既彼此促进又相互抑制。例如，维生素B_2有助于加快碳水化合物代谢，蛋白质合成代谢离不开维生素B_6，所以当膳食中的碳水化合物与蛋白质增加，也需要增加维生素B_2和B_6。而过多的铜、钙和二价铁离子会对锌的吸收造成抑制，过多的脂肪会对钙和铁的吸收造成影响，所以要对各营养素的比例进行平衡。

（6）适量的膳食纤维。人体需要适量的膳食纤维，过少会造成部分生理功能失调，过多会导致其他营养素吸收受阻。

2. 合理的膳食制度

合理的膳食制度指的是对一天的用餐次数、两次用餐的时间间隔、每餐的数量和质量进行合理的控制，使之与个人的日常生活习惯及生理状况相适应，并促使就餐和消化过程相协调。

合理的膳食制度主要需遵照以下主要原则：首先，保证所摄入的营养素能够尽可能全部被人体利用。其次，用餐前不感到明显饥饿，食欲正常；用餐后有饱腹感，但不感到饱胀。最后，用餐的次数、时间等尽可能协调于个人的工作性质、作息习惯，保证正常生活情况下的高效率工作。

（1）餐次和间隔。从我国人民的生活情况来看，一般情况下，一天内用餐三次，每两次间隔 4 h～6 h 较为合适，尤其两餐时间间隔最好不要超出这个范围，时间太长，人体就会感到明显的饥饿，不管是耐受力还是工作效率都会受到影响；时间太短，胃没有排空，消化器官要长时间工作，长此以往就会导致食欲不振及消化问题。用餐次数可以结合实际有所增减，如工作至 22 点、23 点，可以食用适当的夜宵，满足大脑需要。

（2）数量的分配。用餐时没有严格的分配要求，要依据个人工作情况、劳动强度、生活习惯和生理需求来安排，通常来说，午餐摄入的能量较多，早餐和晚餐摄入的能量较少。对于早餐、午餐和晚餐的能量占比分配主要有两种观点，其一认为应当分别为 25%～30%、35%～40%、30%～35%；其二认为应当分别为 30%、45%～50%、20%～25%。大部分学者认同前一种观点。

然而，在实际生活中早餐往往被忽略，其原因在于清晨的时候往往缺乏食欲，或没有足够的用餐时间和用餐氛围，尤其是清晨要去上班或者上课的人。与此相反的是晚餐，傍晚的时候人们有足够的时间且食欲更佳，经常会摄入过多的能量，对此需要加以控制。

3. 食物的适口性

中国人对于菜肴等食物比较看重色香味，适当的烹调能够使之色香味形俱全，在增进人的食欲的同时，也能够促进消化和吸收，以及保留更多的营养素。也就是说烹调过程中，不仅要重视口味，还要注意营养。例如，菜最好不要先切再洗，淘米的水温不能过高，煎炸方式对营养素破坏较大。

4.良好的饮食习惯

良好的饮食习惯需要定时定量，不挑食、不偏食、不暴饮暴食，要细嚼慢咽。要过有规律的生活，如早睡早起，进行适当的户外活动。进食要保持轻松的心情，环境要安静、整洁而明亮，餐厅布置应注意色彩和谐、灯光柔和。

5.食物清洁卫生

食物的清洁卫生也十分重要，这直接关系着人体健康，其中不仅要注意食物的卫生，也不能忽视餐具的卫生。也就是说，要保证食物的新鲜度，没有毒性和污染，对身体没有危害，尤其要注意食品添加剂不能违反卫生要求。同时，在购买食品时，要注意是否过期。

二、膳食模式

（一）膳食模式的概念

膳食不是单一的食物，而是包含多种食物，膳食模式指的就是构成居民膳食的主要食物种类、数量及其比例，这也叫作膳食组成或食物结构。立足于宏观的视角，居民的膳食模式能够对该国家或者地区的综合国力进行一定的反映，在地区的食物生产供应规划中起到决定性作用，也是衡量一个国家或地区经济发展和文明程度的主要标志之一；立足于微观视角，膳食模式对于人们的营养状况和身体健康素质有着决定性的影响，在对人们的有效营养干预中也十分重要。

（二）膳食模式的分类及特点

膳食模式的形成和变化是多方面因素在起作用，如当地的社会经济状况、人口和农业资源状况、农业和食品生产水平、居民消费能力、人体营养需要和饮食习惯等。不同国家的基本情况存在差异，膳食模式也存在差异。针对膳食中动物性食物和植物性食物的占比，以及能量、蛋白质、脂肪和碳水化合物的摄入量，如今国际上的膳食模式主要可以分为以下三类。

1."三高一低"类型

"三高一低"类型中"三高"指的是能量、脂肪、蛋白质高，一低指的是膳食纤维低，主要为动物性食物，还有少量的谷物消费。"三高一低"类型容易导致营养过剩，是发达国家和地区的膳食模式。

2. "两低一高"类型

"两高一低"类型以植物性食物为主，蛋白质和脂肪摄入不充分，动物性食物较少，对人体需要量仅能达到基本满足的类型。"两低一高"类型易导致营养不良，使人体质不佳，是发展中国家和地区的膳食模式。

3. 合理膳食类型

相比而言，日本的膳食模式更为理想，也更接近合理膳食类型。其对东西方膳食的特点进行了综合，能量、蛋白质、脂肪摄入量基本符合营养要求，动物性食物、植物性食物消费量比较均衡，水产品摄入量较大。

三、中国居民膳食指南与平衡膳食宝塔

（一）中国居民膳食指南

1. 膳食指南的概念与意义

膳食指南是基于具体国家或地区的实际形成的易于理解、简明扼要的合理膳食基本要求，同时也是有效的合理膳食的宣传素材。膳食指南间隔几年就针对当下的人群营养问题和趋势进行编制修订。如我国的《中国居民膳食指南》和《中国特定人群膳食指南》，就是为了对居民进行平衡膳食提供参考和指导的。中国居民膳食指南专家委员会为了促进指南的落实，制作了食物定量指导方案，还有中国居民平衡膳食宝塔，使人民更加清楚地了解食物分类的概念及每天各类食物的合理摄入范围，每天应吃食物的种类及相应数量，促进居民进行合理调配、平衡膳食。

2. 中国居民膳食指南

1989年，我国第一个膳食指南诞生。当时调查显示，由于食物单调或不足出现的营养缺乏病，如佝偻病等，尽管在慢慢变少，但是也不能忽视；与合理膳食有关的慢性病，如心血管疾病等，患病率正在不断增加。维生素A、维生素D和钙的摄入量普遍不足，部分民众膳食中谷类、薯类、蔬菜占比大幅减少，油脂和动物性食物摄入过多，很多城市居民存在越发明显的能量过剩、超重问题。因此，

分别于 1997 年、2007 年、2016 年、2022 年进行了四次更新,《中国居民膳食指南》更为完善。

3. 特定人群膳食指南

基于《中国居民膳食指南》的内容,结合老年人、孕妇、乳母、婴幼儿、儿童、青少年等的特殊需要,《特定人群膳食指南》应运而生,对上述人群制定了以下膳食指导原则。

(1)婴儿:①倡导母乳喂养;②4 个月后逐步添加辅助食品。

(2)幼儿与学龄前儿童:①每日饮奶;②培养不挑食、不偏食的饮食习惯。

(3)学龄儿童:①早餐要吃好;②少吃零食,饮用清淡饮料,控制食糖摄入;③强化户外活动。

(4)青少年:①多吃谷类,保证能量充足;②充分摄入鱼、肉、蛋、奶、豆类和蔬菜;③进行体力活动,不可盲目节食。

(5)孕妇:①自妊娠第 4 个月起,保证充足的能量;②妊娠后期保持体重的正常增长;③增加鱼、肉、蛋、奶、海产品的摄入。

(6)乳母:①保证供给充足的能量;②增加鱼、肉、蛋、奶、海产品的摄入。

(7)老年人:①粗细搭配,易于消化;②积极参加适度体力活动,保持能量平衡。

(二)中国居民平衡膳食宝塔

中国居民平衡膳食宝塔是按照平衡膳食原则设计的,对各类食物的重量进行了明确,为宝塔图形,以直观形象的方式让人们了解了食物分类的概念及每天各类食物的合理摄入范围,促进平衡膳食落实到实际生活当中。

平衡膳食宝塔共五层,为每天应吃的主要食物种类。其每层的面积大小和位置高低能够对各类食物在膳食中的地位和应占的比重有所反映。从下到上每层分别是谷薯类食物,蔬菜和水果,鱼、禽、肉、蛋等动物性食物,奶类、大豆和坚果类食物,油和盐。每人每天的摄入量分别为谷类 200~300 g、薯类 50~100 g、蔬菜类 300~500 g、水果类 200~350 g、动物性食物 120 g~200 g、奶及奶制品 300~500 g、大豆及坚果类 300~500 g、盐 < 5 g、油 25~30 g。其组成是结合

全国营养调查中居民膳食的实际情况计算的，因此其重量不是具体某种食物的重量。

平衡膳食宝塔建议的中等能量水平的食物摄入量可供给的能量及主要营养素与正常人的DRIs（膳食营养素参考摄入量）标准相比，能量94.8%，蛋白质116.7%，视黄醇93.2%，核黄素92.5%，钙97.5%，锌87%。谷类提供的能量占一天总能量的56.8%，脂肪占27.1%，豆类及动物性蛋白质占蛋白质总量的62.5%，动物性铁占铁总量的14.8%，这是一个营养较合理的平衡膳食模式。平衡膳食宝塔中的食物量，与人们现实的膳食情况存在差距，尤其是奶类和豆类食物，在部分地区谈不上平衡膳食。但我国居民的膳食营养情况正在并且会持续改善，可将其作为未来目标，朝着这一目标不断迈进。

在按照平衡膳食宝塔调整个人膳食时需注意：首先，按照平衡膳食宝塔对食物种类、比例进行安排，只需基本一致，不必严格符合数量。其次，同类互换，食物尽量多样。同类互换指的是用豆类换豆类、用肉类换肉类等，既要营养又要美味，多样搭配。再次，对三餐食物量进行合理分配，结合作息和工作情况安排用餐时间和食物量，通常早中晚进餐量分别为：30%、40%、30%，遇到特殊事件可调整。然后，因地制宜摄入食物，根据生活所在地区的食物资源进行安排，如生活在渔区，可以适量增加对鱼类的摄入，如果所处地区无法同类互换，可以暂时用豆类代替乳类、肉类或蛋类代替鱼、肉。最后，养成习惯，长期坚持。

第三节 合理烹饪

一、合理烹饪的意义

对于合理膳食而言，合理烹饪也是重要环节。烹饪后的食物中所含的营养素会发生各种变化，能够更易于消化、吸收和利用。对食品进行烹调能够使其色、香、味、形更优，感官性状更好，贴合人们的饮食习惯，增加食欲。对食品进行清理、洗涤和加热，能够去除其中可能存在的病原菌、寄生虫虫卵和其他有害物质，保护人体健康。合理搭配食品进行烹饪，能够使各种营养素互补，更好地满足人体所需，但是，烹调过程中，食品中的部分营养素会损失或被破坏。

二、烹饪对营养素的影响

烹饪能够使食物中的部分营养素被改变，营养素的稳定性、烹饪方法、加热温度及时间等都与改变程度有一定的关联。

（一）主食

米类以煮、蒸的烹调方法为最佳。要先淘米，使大米更为清洁，但也会使一些营养素流失，特别是水溶性营养素。淘米的时间越长、次数越多、搓洗越用力，损失的营养素就越多。煮和蒸的加热也会导致一些营养素的损失，如维生素 B_1 会损失 17％。用捞饭法煮米时会将米汤丢掉，流失的营养素更多，蒸发法 B 族维生素损失最少。此外，加碱也会造成 B 族维生素的破坏。

面的烹调有着更为丰富多样的方法，如蒸、煮、炸、烙等，这同样会对营养素造成影响。其中，蒸和烙的烹调方法所产生的影响最小，如蒸馒头时会导致维生素 B_1 和维生素 B_2 大量损失，蒸玉米面窝头（75％白玉米粉和25％黄豆粉），能够保留几乎所有的水溶性维生素。炸和煮对维生素的影响较大，尤其是炸，炸过的油条，维生素 B_1 几乎全部无法保留。

（二）副食

在肉类和蛋类的烹调过程中，主要受到影响的是水溶维生素，其影响程度和烹调方式有关系。例如，猪肉丝大火快炒，维生素 B_1 会损失大约23％，维生素 B_2 会损失大约31％，蛋类不管是何种烹调都不会造成很大的维生素损失。

蔬菜在烹调时往往会损失一定的维生素，其多少也是与烹调方式有关的。一般而言，先洗后切比先切后洗对水溶性维生素 C 的影响较小，将番茄的皮去掉，并切成块，在炒制过程中，维生素 C 的损失和时间有关，15 min 将损失 43％ 左右，时间越短损失越小。切过的白菜焯水后稍微挤干，只能保留极少的水溶性维生素和矿物质，所以最好不要这样烹调。

三、烹饪时应注意的问题

（一）合理清洗

淘米时，根据其质量，减少用力搓洗和淘洗次数，尽量不用流水和热水。对于蔬菜的清洗，做好先洗后切，同时避免切后浸泡，避免水溶性维生素及矿物质损失。

（二）科学切配

在对蔬菜、肉类等进行切配的时候，尽量不要切得太小、太细，并且要缩短切配与烹调之间、烹调和食用之间的时间，尤其是蔬菜。此外，要做到科学搭配食物，使菜肴总的营养素比例适当，使各食材营养素互补。

（三）沸水烫料

这一烹调方法能够使蔬菜等尽可能保持原本的色彩，降低营养素的损失，以及对一些草酸、植酸等进行消除，促进钙吸收。然而，也需注意用多一点的沸水，一次烫的料不能太多，以免水温降低。烫过的蔬菜最好不要挤掉汁水，尽量保留水溶性维生素。

（四）上浆挂糊

上浆挂糊应用于肉类、鱼类等原料的炸或者炒等烹调时，其外部会形成一层面浆的保护层，避免食物中水分和营养素的流失，也能够使其内部的原料不直接受热，相比直接炒或者炸的温度较低，避免高温造成的蛋白质焦化，以及维生素破坏。这样能够较好地增加食物的色泽、口感、风味、香味等，也能较好地保留食物中的营养素，使之更容易被人体消化和吸收。

（五）勾芡

勾芡能够使食物的汤汁更加浓稠，也能保留更多的营养素，起到增加汤汁风味的作用。勾芡所使用的淀粉能够对维生素 C 有一定的保护作用。

（六）适当加醋，不加或少加碱

酸、碱环境对于大部分维生素有着不同的影响，加醋能够促进其稳定性，加碱则相反。所以，在很多食物的烹调中可以适当加醋，如凉拌菜、糖醋鱼等。除了促进维生素的稳定性之外，加醋还有助于杀菌，促进骨头中钙的溶解。碱在烹调中也有所应用，能够促使米饭、大豆、牛肉等食物在煮的过程中更快变熟、变软，但是并不利于维生素和矿物质的保留，应当不加或者少加碱。

（七）掌握火候

火候对于营养素也有着较大的影响，相比之下急火快炒是更加合适的烹调方法，能够使食物更快变热、变熟，有助于食物保持原有的颜色，以及保留的更多营养素。但是要注意，不能太早放盐，否则会使食物水分流失太快。

（八）制作面食提倡酵母发酵

对于面食的烹调，鲜酵母发酵有着很多好处，有助于避免维生素遭破坏，还能够产生 B 族维生素，并对植酸进行消除或破坏，促进部分微量元素的吸收。需注意的是，若发酵过度需加入适量的碱进行中和，但不能过量，避免维生素 B_1、维生素 C 被破坏。

第四章 营养素与运动

运动员的运动能力不仅取决于科学训练、良好的身体素质和心理素质,而且取决于良好的健康状态和合理营养。合理营养与科学训练相结合,有利于运动竞技能力的提高;相反,营养不平衡会削弱科学训练的效果,不但会降低运动竞技能力,还会影响运动后的恢复和健康水平。因此,在制定全面科学的训练制度时,应首先考虑运动员合理营养。

第一节 能量平衡与运动

一、运动员能量代谢的特点

运动员的能量代谢特点是强度大、消耗率高及伴有不同程度的氧债等。

氧债又称运动后恢复期过量氧耗,是指机体在运动过程中利用无氧代谢供应能量所欠下的并需要在运动后恢复期所偿还的氧。

体育运动的能量消耗可达到安静时的2倍~3倍,甚至100倍(如体操技巧和90 kg抓举举重)以上,参加集训的优秀运动员在1 h训练课内的能量消耗可达418.4 kJ~2 510.4 kJ(100 kcal~600 kcal)。与不同强度体力劳动相比,轻体力劳动为502.08 kJ/h(120 kcal/h);中等体力劳动为711.28 kJ/h(170 kcal/h);重体力劳动为1 129.68 kJ/h(270 kcal/h);极重体力劳动为1 548.08 kJ/h(370 kcal/h),多数项目运动员在训练时间内的能量消耗率相当于或超出重体力或极重体力劳动的能量消耗率。非机械化劳动每分钟的能量消耗为0.29 kJ~1.26 kJ(0.07 kcal~0.30kcal),而短跑时,每秒的能量消耗高达12.55 kJ(3 kcal)。但运动与重体力劳动的高能量消耗不同,其能量消耗常常集中在短短的几分钟

（如举重、体操）或几个小时内。

二、运动能量的来源及影响因素

（一）运动能量的来源

维持人体生命活动的能源物质包括碳水化合物、蛋白质和脂肪。运动中的能源物质是混合性的，但根据运动强度、类型及缺氧程度的不同，以一种能源物质供能为主。运动中最直接和最迅速的能量来源是三磷酸腺苷，最大强度运动时主要的能源物质是三磷酸腺苷。骨骼肌三磷酸腺苷的储备量很小，1 kg 湿肌肉仅为 4.6 mmol/L～6.0 mmol/L，只能维持 0.5 s 最大强度肌肉收缩。体内储备的磷酸肌酸（CP）量，1 kg 湿肌肉约 17 mmol/L，也只能满足几秒钟剧烈运动的需要。ATP～CP 的容量虽小，但供能直接、迅速，可满足一些高强度运动的能量需要。运动中 ATP 消耗后需要不断再合成，以维持运动的需要。糖和脂肪提供运动中 ATP 再合成所需的绝大部分能量。在无氧情况下，碳水化合物和肌肉内储备的通过磷酸化反应也可提供能量合成 ATP。蛋白质、酮体和乙酸仅在某些情况下提供少量能量。

ATP 的不断补充是通过糖无氧酵解和脂肪与糖有氧氧化实现的。运动中的主要能源是糖和脂肪酸，两者的供能比取决于运动强度，在不同的系统（如神经、内分泌和心血管）中两者的供能比亦不同。运动强度达到最大摄氧量（VO_2 max）的 75% 或以上时，糖氧化供能的比例增加；运动强度降至最大摄氧量的 65% 以下时，脂肪供能的比例增加。体内脂肪酸的氧化利用必须在有氧条件下进行，运动强度加大、缺氧严重时，则利用很少。运动中能源物质代谢情况可通过呼吸商、血液中能源物质（包括葡萄糖、游离脂肪酸、乳酸、甘油等）水平、激素水平和肌肉活检等技术途径来了解。

（二）影响运动时能量代谢的因素

1. 运动强度和持续时间

运动强度大、时间短的运动以无氧代谢供能为主，而强度小、时间长的运动则以有氧代谢供能为主，除百米跑的能量绝大部分由磷酸原系统供给外，多数运动的能量供应是多系统混合性的。运动强度达到85%～100%最大摄氧量或大于100%最大摄氧量时，主要依赖无氧供能，通过糖无氧酵解途径，ATP合成率高，为有氧供能的5～6倍，可满足短时间作功量高的运动，如冲刺跑和举重等。限制ATP合成的主要因素是时间短、CP消耗和无氧糖酵解生成的氢离子堆积。当运动强度减小、运动时间延长时，糖和脂肪供能比例也发生变化，糖的利用减少，而脂肪的利用增加。运动冲刺时，糖供能占优势，此变化反映了运动的适应过程。糖是运动中能量供给必需的物质。肌肉中储备的糖原耗竭时，运动能力明显下降，且易发生运动损伤。增强长时间运动中动用脂肪的能力，可节约肌糖原，有利于提高运动能力。

根据运动时间可将能量供给分为四个系统：当运动时间小于30s时供能系统为磷酸原；运动时间在30 s～1.5 min内时供能系统为磷酸原和糖酵解；运动时间在1.5 min～3 min内供能系统为糖酵解和有氧氧化；运动时间大于3 min时供能系统为糖和脂肪有氧氧化。

2. 肌纤维类型

骨骼肌有三种纤维，即红肌（慢肌）和白肌（快肌）I型、H型。肌纤维构成不同，其供能系统也各异。红肌富含线粒体，由糖和脂肪有氧氧化供能；白肌由糖酵解供能。

3. 训练水平

系统运动训练可改变人体对某一供能系统的依赖。例如，长跑运动员的有氧供能能力比短跑运动员强，而短跑运动员的无氧供能能力较强。有氧运动能力强的运动员对脂肪的利用能力亦强。

4. 体内能源物质的储备

体内能源物质是骨骼肌能量代谢可利用的底物。肌糖原含量与运动能力，特别是运动耐力有密切关系。

三、运动员的能量需要

运动员一日能量消耗由基础代谢、运动的能量消耗、食物热效应以及适应性生热作用四部分组成。

（一）基础代谢

对于非运动人群，基础代谢占每日总能耗的比例最大，约60%～75%；对于运动员，由于运动训练的能量消耗多，基础代谢的比例相对降低。

（二）运动的能量消耗

在能量消耗的构成中，运动的能量消耗变异最大，也最易发生变化。对于一个中等活动强度的人来说，运动能量消耗约占总能量消耗的15%～30%。高强度运动时，能量消耗增加，可达到基础代谢的10～15倍。运动员的运动能量消耗因运动量（包括运动强度、密度、运动持续时间）的不同有较大差异。集训队运动员在训练课内的能量消耗为1 255 W～10 878 W（300 kcal～2 600 kcal），平均为4 184 kJ（1 000 kcal）左右，约占一日总能量消耗的40%，高者可达总能耗的50%。

（三）食物热效应

食物热效应（TEF）也称为"食物特殊动力作用"，是指进餐后数小时内发生的额外能量消耗，是由于摄入蛋白质、脂肪和碳水化合物三种能源物质引起的生热效应，即食物在消化、转运、代谢和储存过程中消耗的能量。食物热效应约占基础代谢的10%，运动员膳食中蛋白质含量较高，故常采用基础代谢的15%计算。

（四）适应性生热作用

适应性生热作用也称"兼性生热作用"，是能量消耗的另一个重要部分，是由于环境温度、进餐、情绪应激和其他因素变化引起的能量消耗，此生热作用低于一日总能耗的10%～15%。适应性生热作用在人体还很难证明，但可能对长期体重变化有重要影响。

第二节 蛋白质和氨基酸与运动

一、蛋白质和氨基酸在运动中的作用

(一)营养强力作用

高蛋白质饮食可有效增加肌肉组织,采用高蛋白质膳食(2.8 g/kg)者进行有氧和力量训练40天,与食用等能量中等蛋白质膳食(1.39 g/kg)者比较,高蛋白质膳食者组织蛋白质增加更为明显。但关于力量训练对氨基酸代谢的影响尚不十分清楚。在适量蛋白质营养支持下,肌肉组织仅在一段时间进行力量训练后才会增加。进行力量训练者,若尿氮排出量减少,刚表明摄入的蛋白质有一部分存留于体内用于构建组织蛋白质。

(二)氧化供能

蛋白质在运动中供能的比例相对较小。研究报道,氨基酸氧化可提供运动中5%~15%的能量。在体内肌糖原储备充足时,蛋白质供能仅占总能量的5%左右;大多数运动情况下,蛋白质提供6%~7%的能量。在肌糖原储备耗竭时,氨基酸供能可上升至10%~15%,但要取决于运动的类型、强度和持续时间。氨基酸主要通过丙氨酸-葡萄糖循环供能。

(三)含硫氨基酸的抗氧化作用

谷胱甘肽是体内抗氧化系统的重要组成物质,含硫氨基酸通过硫的转移和巯基的氧化还原反应参与谷胱甘肽的代谢。一些研究显示,补充含硫氨基酸,如蛋氨酸、半胱氨酸和牛磺酸,可以使体内的过氧化指标降低。

二、过量补充蛋白质和氨基酸的副作用

在进行渐进性的力量训练时,适宜的蛋白质营养支持可以增加肌肉。但过量补充氨基酸或蛋白质可引起以下副作用。

蛋白质的酸性代谢产物会增加肝、肾负担,导致肝和肾肿大并易疲劳;大量

蛋白质导致机体脱水、脱钙、痛风；高蛋白质对水和无机盐代谢不利，可引起泌尿系统结石和便秘；高蛋白质食物常伴随高脂肪摄入，会增加动脉粥样硬化和高脂血症的危险性；运动员摄入单一氨基酸，会改变氨基酸池的平衡。

此外，过多蛋白质和氨基酸还可引起胀气、便秘或腹泻等胃肠道不适。

因此，运动员在食用平衡膳食时，不必补充氨基酸，尤其不要过量补充氨基酸或蛋白质。

三、运动对蛋白质代谢和需要量的影响

（一）运动调节肌肉组织蛋白质的合成和分解

运动时，肌肉组织蛋白质合成被抑制，蛋白质的适应性合成仅在肝脏进行。此外，其他组织蛋白质的分解代谢也可能增加。尚无事实证明，运动肌肉中的收缩蛋白分解。肌肉中抑制蛋白质合成的后果，是不被利用的氨基酸留存在代谢池内，代谢池中可利用的游离氨基酸增加。运动时，代谢池中的游离氨基酸浓度和丙氨酸-葡萄糖循环率增加，这与运动引起的糖皮质激素水平增高及胰岛素水平降低有关。在运动后的恢复期内，适应性蛋白质合成增加和蛋白质分解率增加，使蛋白质转换率升高。用稳定性同位素示踪法研究运动对蛋白质代谢的影响表明，运动对蛋白质的合成与分解有明显的影响，但尚不清楚个别氨基酸代谢的变化是否影响其长期的需要量。

（二）运动促进支链氨基酸代谢

应用同位素 He 标记亮氨酸的恒定灌注技术，观察到在 50% 最大摄氧量强度下运动 2 h，亮氨酸升高的绝对值相当于该氨基酸需要量的 90%。运动也会刺激肌肉组织丙氨酸的释放。一次性剧烈有氧运动后，亮氨酸的氧化增加数倍，肌肉释放氨基酸和氨增加约 40%，血尿素氮水平和运动后尿氮增加，这些变化提示长时间耐力运动使氨基酸代谢加强。长时间运动时，动物肢体选择性摄取支链氨基酸，说明运动能够提高肌肉氧化支链氨基酸的能力。是否所有支链氨基酸氧化都增加，尚待进一步研究。

四、运动员蛋白质参考摄入量

运动员的蛋白质需要量比一般人高。日本及一些东欧国家提出,2 g/千克体重蛋白质可满足运动员的需要,而西欧一些研究报告提出 1.4 g/千克体重(1.2 g/千克体重~1.7 g/千克体重)蛋白质即可满足运动员的需要。根据氮平衡实验结果,我国运动员蛋白质的适宜摄入量占总能量的 12%~15%,约 1.2 g/kg~2.0 g/千克体重,其中包括蛋白质或氨基酸营养补充剂。

运动员的蛋白质摄入不仅应在数量上满足需要,在质量上优质蛋白质应占至少 1/3 以上。从目前膳食标准和膳食结构来看,我国绝大多数运动员的蛋白质供给是不符合标准的。提倡增加植物性蛋白质比例,可将谷类主食和豆类食物混合食用。

第三节 脂肪与运动

一、脂肪在运动中的作用

(一)运动的能源

作为能源物质,脂肪与碳水化合物相比,具有能量密度大、产能量高的特点。对能量需要量较大的运动员,摄入脂肪可起到减小食物体积、减轻胃肠道负担的作用。

(二)为长时间低强度运动项目提供能量

小于 55% 最大摄氧量的长时间低强度运动,如超长距离马拉松和铁人三项等,呼出气中 25%~50% 二氧化碳来自脂肪酸氧化,而高强度运动则主要由糖有氧氧化或无氧酵解供能。

(三)节约糖原,提高耐久力

高强度训练的运动员脂肪氧化分解的能力高。研究报道,高强度训练的马拉松运动员体脂少,脂肪细胞直径小,最大摄氧量高。

（四）中链甘油三酯的作用

中链甘油三酯（MCT）由含6～12个碳原子的中链脂肪酸组成，主要存在于椰子油、棕榈油或人工合成的氢化椰子油中。由于能量密度高，可提供2倍于等量碳水化合物所提供的能量，中链甘油三酯越来越受运动员的青睐。此外，中链甘油三酯易于吸收，比碳水化合物优先产能。如果中链甘油三酯与等能量高碳水化合物同时食用，酮体生成量最小。因此，为了增加每日能量的摄入量（如运动员需要增重时）或提高运动中能量的摄入，甚至立即需要能量（如增加运动饮料或食物）时，可将中链甘油三酯脂肪加到运动员膳食中。

由于中链甘油三酯以中链脂肪酸形式直接吸收入血，其代谢程度与葡萄糖一样快，因此认为中链甘油三酯可通过节约运动中葡萄糖的利用而提高运动能力。尽管现有的研究资料尚不肯定中链甘油三酯确有强力作用，但在集训期，当能量摄入下降时，中链甘油三酯可用于增加能量的摄入，也可将含中链甘油三酯的碳水化合物饮料或运动饮料应用于耐力运动项目（如铁人三项、马拉松等），增加能量摄入。需要注意的是，运动员应在比赛前摄入中链甘油三酯，以免出现胃肠道功能紊乱。

二、运动对脂肪代谢的影响

（一）影响运动中脂肪代谢的因素

1. 运动强度和运动持续时间

在进行低强度运动（20％最大摄氧量）时，从脂肪组织释放入血的游离脂肪酸是肌肉收缩的主要能量来源，而肌肉内甘油三酯（TG）脂解很少。65％最大摄氧量的中等强度运动时，脂肪代谢最旺盛，脂肪组织和肌肉内的甘油三酯均分解，氧化供能增加。随着运动强度增加到85％最大摄氧量时，游离脂肪酸进入血浆的速度显著减慢，肌肉内的甘油三酯分解不再增加。此时，肌糖原分解，乳酸堆积，抑制脂肪动员。剧烈运动后，血乳酸水平增高，抑制脂肪组织分解。

2. 运动训练程度

系统的体育训练会使骨骼肌线粒体数量、体积、单位重量肌肉毛细血管密度、线粒体酶和脂蛋白脂酶的活性增加。因此，训练水平高的运动员利用脂肪酸的能力强。高强度训练的马拉松运动员在70%最大摄氧量强度下运动1h，75%的能量供应来自脂肪。脂肪代谢加强，可节约糖原，提高耐力。训练有素的运动员肌肉氧化酮体的能力也比无训练者强。

3. 限制肌肉细胞摄取脂肪酸的因素

脂肪组织分解产物游离脂肪酸是氧化供能的主要物质，尤其在低强度、长时间运动中。长链脂肪酸代谢是一个复杂过程，涉及许多因素，如脂肪动员、游离脂肪酸在血液中的转运、从血液转运至肌细胞、膜转运、胞质内转运及细胞内代谢。无论是在休息还是运动时，脂肪动员都是影响游离脂肪酸代谢的重要因素。

4. 限制肌肉脂肪酸氧化的因素

游离脂肪酸的氧化速度取决于三个过程：①脂肪组织和循环血中甘油三酯的水解作用，以及游离脂肪酸从血浆向胞质的转运；②肌肉内甘油三酯的可利用性和水解速度；③游离脂肪酸的活性和跨线粒体膜的转运。在游离脂肪酸转运最充分的情况下，前两步可能是限制脂肪氧化的主要因素。在短时间运动或长时间运动的最初阶段，脂肪组织和肌肉内的甘油三酯的水解作用不充分，游离脂肪酸供应不足，使游离脂肪酸氧化的速度超过游离脂肪酸的动员，导致血浆和肌细胞内游离脂肪酸浓度下降。为满足能量供应的需要，来自糖原的碳水化合物的氧化供能必然增加。

最新研究证明，在中低强度（44%最大摄氧量）运动时，通过抑制脂肪动员可限制游离脂肪酸的氧化。运动前摄入碳水化合物（0.8 g/kg），会使血浆胰岛素升高，抑制脂肪的分解，减少运动中游离脂肪酸的氧化。在通过注射脂肪乳剂和肝素使血浆游离脂肪酸浓度升高时，如摄入碳水化合物，脂肪氧化虽增加，但不能恢复到最佳状态。这些结果表明，摄入碳水化合物（提高血浆胰岛素浓度）有抑制骨骼肌游离脂肪酸氧化的作用。

5. 糖代谢水平

糖代谢增强时，脂肪分解受抑制。糖代谢障碍，生成的草酰乙酸量不足时，脂肪酸氧化生成的乙酰辅酶A不能与草酰乙酸缩合成柠檬酸进入三羧酸循环氧化，就会限制脂肪酸在线粒体氧化供能。

6. 肉碱

游离脂肪酸从骨骼肌细胞质进入线粒体分解需要肉碱转运系统。肉碱促进游离脂肪酸转移进入线粒体进行氧化代谢。基于增加肉碱摄入量可增加游离脂肪酸利用这一理论，近年来有不少使用肉碱提高运动能力的研究报道，但其效果尚无一致的结论。

7. 其他

肌肉供氧充足时，游离脂肪酸浓度增高，抑制肌肉摄取葡萄糖。脂肪分解需要脂肪酶，因此脂肪酶活性是影响脂肪利用的重要因素。

（二）运动对血脂、脂蛋白及其受体的影响

优秀运动员血清高密度脂蛋白含量高。通过运动加速脂质转换，降低血浆甘油三酯和低密度脂蛋白胆固醇（LDL-C）水平，增加高密度脂蛋白胆固醇（HDL-C）水平。运动会使体内甘油三酯水平降低，与内源性合成甘油三酯减少、脂蛋白酶活性提高和促进甘油三酯清除等因素有关。动物实验结果显示，有氧运动可上调动物肝脏低密度脂蛋白受体（LDL-R）、载脂蛋白 A-I 和高密度脂蛋白受体 SR-Bi 基因的表达，降低高脂血症大鼠血清和 Apo E 基因缺陷小鼠动脉粥样硬化斑块中胆固醇、甘油三酯、低密度脂蛋白胆固醇和载脂蛋白 B，升高高密度脂蛋白和载脂蛋白 A，从而有效预防高脂血症，延缓动脉粥样硬化的进程。

三、运动员的脂肪需要量和参考摄入量

运动员膳食脂肪的适宜供能比应为 25%～30%。饱和脂肪酸、单不饱和脂肪酸、多不饱和脂肪酸三者之比应是 1∶1∶（1～1.5）。世界各国运动员膳食调查结果显示，当运动员脂肪摄入量过高（约占总能量的 35%～45%）时，脂肪代谢产物蓄积会降低耐力并引起疲劳，摄入过多脂肪还会降低蛋白质和铁等营养素的吸收利用；高脂肪常伴油大量胆固醇的摄入引起高脂血症。因此，应适当限制运动员膳食中的脂肪摄入。但如果脂肪摄入量不足，食物的质量和色香味会受到影

响，造成运动员食物摄入量减少，而且运动员的膳食要求量少质精，能量密度高，所以又不可过多减少脂肪的供给量。登山运动员因经常处于缺氧状态，膳食中的脂肪含量应比其他项目的运动员少。游泳及冬季运动项目，如滑雪、滑冰等，因运动员机体散热量大，食物中脂肪量可以比其他项目高些，但也不应超过总能量的35%。

第四节 碳水化合物与运动

一、碳水化合物在运动中的作用

（一）提供运动所需的能量

短时间、高强度运动所需能量绝大部分由碳水化合物（糖）供给，长时间、低强度运动也首先利用糖氧化供给能量，可利用糖耗竭后才动用脂肪或蛋白质提供能量。运动中，肌肉摄取葡萄糖的量可达安静时的20倍或更多。

葡萄糖容易氧化，且氧化完全，代谢终产物二氧化碳和水不会增加体液的酸度。糖氧化时耗氧量少，消耗等量氧，糖的产能效率比脂肪高4.5%，这一优点在供氧不足的情况下尤为重要，有时可成为决定比赛胜负的主要因素。

（二）延缓疲劳发生

肌糖原耗竭或低血糖与长时间运动疲劳有关，原因是肌肉内三磷酸腺苷不断合成的原料是糖和脂肪。运动前、中、后补糖有提高耐力的作用。补糖不仅可以提高耐力项目运动员（如马拉松、铁人三项、长距离骑车或游泳等，以及运动时间在45 min～2 h以上的训练或比赛）的运动能力，而且对持续3 min～6min高强度的间歇性运动（如球类）或高强度冲刺性运动也有作用。补糖的强力作用机制尚不很清楚，可能与肌肉内糖的高利用度有关。糖提高运动能力与运动中糖的可利用度和糖的氧化率有关。

葡萄糖可通过血脑屏障营养神经细胞，大脑因缺乏营养物质储备，主要依靠葡萄糖氧化供应能量。血糖浓度降低时，首先影响中枢神经系统，产生疲倦或头晕等症状。有报道，补糖可使血浆甘油三酯分解减少，游离脂肪酸浓度降低，同时使游离脂肪酸与色氨酸竞争蛋白质结合位点的作用减弱，从而使血浆中游离色氨酸浓度降低。色氨酸是5-羟色胺的前体物，5-羟色胺浓度降低可使中枢神经系统疲劳后延。有报道提出，补糖与补水相比较，血浆游离色氨酸浓度显著下降，肌肉、心血管和代谢功能方面疲劳指标均好转。

此外，摄糖对预防神经性低血糖症有益。

（三）减轻运动致免疫应激

运动中补糖使血糖浓度保持正常水平，减少应激激素的分泌，调节免疫功能。血糖下降与下丘脑-垂体-肾上腺活化有关，补充糖可使皮质醇和生长激素减少，粒细胞、单核细胞吞噬作用及炎性细胞因子等反映免疫应激程度的指标均有改善。

（四）增加饱腹感

摄入吸收缓慢和不易消化吸收的碳水化合物，能延长出现饥饿感的时间。

二、运动前、中、后补糖的意义

体内糖储备包括肌糖原、肝糖原和血糖三类。肌糖原约250 g，是含量最大的糖储备，肝糖原共计75～90 g，血糖仅5～6 g。体内糖储备总量约300～400 g。大于1 h的运动如长跑、长距离游泳、自行车、滑雪、马拉松、铁人三项、足球、冰球、网球等，可耗竭体内糖储备。糖原耗竭影响运动能力，特别是耐久力。运动前或运动中适量补充糖有利于维持血糖水平并提高运动能力，延缓疲劳的发生。

肌糖原储备充足的足球运动员与肌糖原储备不足者相比，冲刺的次数多，跑步的总距离也长，说明糖原储备明显影响运动能力。体内糖原水平对耐力有明显影响，并受膳食碳水化合物补充量的影响。肌糖原水平的降低与疲劳和运动性损伤的发生关系密切。

运动前补糖可增加体内肌糖原、肝糖原储备和血糖浓度。运动前体内肌糖原含量越高，运动到衰竭的时间（耐久力）越长。运动中补糖可提高血糖水平、节约肌糖原、减少肌糖原消耗，从而延长运动时间。运动后补糖是为了加速肌糖原恢复和能量供应。

三、补糖的方法和措施

（一）运动前、中、后的补糖

1. 运动前补糖

可在大运动量前数日内增加膳食碳水化合物至总能量的60%~70%，也可采用改良的糖原负荷法（在赛前一周内逐渐减少运动量，赛前一天休息，同时逐渐增加膳食中碳水化合物的量至总能量的70%）；或在赛前1 h~4 h补糖1~5 g/kg（赛前1补糖时宜采用液体糖）。关于避免在赛前30 min~90 min补糖，预防血中胰岛素升高的理论，现有不同的观点和争论。有人提出，运动前1 h摄入糖，使血糖和胰岛素水平增加，虽然肠道进行性吸收糖，但运动开始时，由于血胰岛素升高、肌肉收缩运动使肌肉摄取葡萄糖增加以及肝糖原输出抑制等联合作用，使血糖下降；另有人提出，运动开始后，肾上腺素和去甲肾上腺素释放，会抑制胰岛素的分泌，最终血糖仍然升高。考虑到影响血糖因素的复杂性，如胰岛素、肌肉收缩活动对肌肉葡萄糖摄取的影响，胰岛素、儿茶酚胺刺激和抑制的平衡，肝糖原输出量和糖吸收量等，建议在使用补糖措施提高运动能力时，应提前进行适宜补糖时间的试验。一般认为，运动前补糖有利于扩大体内糖池，增加糖的可利用度和氧化率，因此，仍主张运动前在不影响胃肠道功能的情况下，尽量多补充糖。

2. 运动中补糖

每隔30 min~60 min补充含糖饮料或容易吸收的含糖食物，补糖量一般不大于60 g/h（1 g/min）。可以采用含糖饮料，少量多次饮用，也可以在运动中使用易消化的含糖食物（如面包、蛋糕、巧克力）等。

3. 运动后补糖

应优先恢复内源性糖原消耗。开始补糖的时间越早越好，最好在运动后即刻或最初2 h内补糖50 g，以后每隔1~2个小时连续补糖。运动后6 h内，肌肉中糖原合成酶含量高，可使进入肌肉的糖达到最大量，补糖效果最佳。补糖量为 0.75～1.0 g/kg，24 h 内补糖总量达到 9～16 g/kg（约为 500～600 g 糖）。

（二）补糖类型

1. 葡萄糖

葡萄糖吸收最快，最有利于肌糖原合成。

2. 果糖

果糖吸收后主要在肝脏进行代谢，其合成肝糖原的量约为葡萄糖的 3.7 倍。果糖引起胰岛素分泌的作用较小，因此不抑制脂肪酸动员，但使用量大时，可引起胃肠道功能紊乱。果糖的使用量不宜超过 35 g/L，并应与葡萄糖联合使用。

3. 低聚糖

低聚糖一般由 3～8 个单糖组成，甜度小，渗透压低，吸收速度比单糖和双糖慢。因此，可通过补充低聚糖使运动员获得较多的糖。

4. 淀粉类食物

淀粉类食物含糖量为 70%～80%，但释放慢，因此不会引起血糖或胰岛素突然升高。除含有多糖外，淀粉类食物还含有维生素、矿物质和纤维素，可在赛后的饮食中补充。

由于个体对摄糖反应的差异较大，建议运动员试用不同类型、不同浓度及口感的饮料，以选择赛前或赛中使用的含糖饮料。有报道，运动后早期（小于 6 h）摄入葡萄糖或蔗糖，肌糖原的储备率高于摄入果糖。此外，补糖时应同时补充蛋白质，以增加血浆胰岛素敏感性，从而增加运动后糖储备。

第五节　矿物质与运动

一、钠与运动

（一）运动对钠代谢的影响

除了从汗液中丢失量较大外，运动员钠和氯的代谢与普通人基本相同。汗液中钠的平均浓度为1～4 g/L。一般情况下，汗液中钠和氯的排出量相平行。运动员在高温、高湿环境中训练，汗液中氯化钠的平均浓度可达到5.7 g/L，运动中氯化钠的丢失量可达25 g。与安静时相比，运动中血浆钠的浓度明显升高，并可延续至运动结束。运动后血浆钠水平显著降低，易出现低钠血症。

（二）钠对运动能力的影响

钠对保持体液酸碱平衡、维持神经肌肉兴奋性和细胞功能有重要意义。在高温、高湿环境中运动，如果不注意适当补充钠盐，运动员可发生钠缺乏症状。轻度缺乏时表现为食欲降低、消化不良、肌肉软弱无力等症状。严重缺乏时，可表现为恶心、呕吐、多尿、体温升高、心率加快、血压低、头晕、头痛、体能低下、易疲劳、肌肉疼痛、肌肉痉挛及抽搐等。

（三）膳食保障措施

在运动中和运动后身体大量出汗，应适当补充钠盐。大多数运动饮料含有钠盐，一般为10～25 mmol/L。运动训练时间持续3 h～4 h以上并伴有大量出汗时，其间应适量补充运动饮料，以补充随汗液流失的钠盐，同时还可以预防运动后的低钠血症。伴有大量出汗的运动后，也应该适量补充含钠盐的运动饮料，以使水分保持在体内，防止脱水。

在高温、高湿环境下运动，补充钠盐的多少可根据出汗量估算。出汗量1～2 L，一般不需要补充钠盐，但初练者和对热不耐受的运动员可适当补充。

考虑到钠盐会增加心脑血管疾病的危险性，世界卫生组织建议普通人每人每日食盐的用量不宜超过6 g（含钠约2.36 g）。除从食盐中获得钠外，还可从食物和饮料中获得钠。由于运动员对钠的需要量较高，钠供给量应高于普通人。我国运动员每日钠的适宜摄入量为常温下运动或训练时应小于5 g，高温下运动或训练时应小于8 g。

在出汗较多的训练或比赛季节，运动员在进餐时可适当多摄入含盐分较高的食物。单纯钠盐不仅刺激性大，而且不易吸收，还可引起一时性高血钠，一般不提倡使用。饮用含适量钠盐的低渗性运动饮料，是较理想的补钠方式。

二、钾与运动

（一）运动对钾代谢的影响

运动员与普通人在钾代谢上的主要差异是运动员因大量出汗而丢失大量钾。通常，人体汗液中钾的浓度为 4 mmol/L～8 mmol/L，但运动员在高温环境中训练，汗液中钾的流失量明显增加。长跑和马拉松运动员在 22～32 ℃进行训练时，钾日排出量为 4～4.5 g，汗钾占总钾的 46～49%，是尿钾的 1.4～1.5 倍。国外学者观察到，运动员在温度为 29～30 ℃、相对湿度为 40%～48% 的环境中跑步，钾的一日丢失量高达 6 g 以上。

与安静时相比，运动中血钾的浓度可升高，这与运动中糖原分解、细胞钾释放入血有关，运动后血钾水平逐渐下降至安静时的水平。但大运动量运动后，血钾水平显著低于安静时的水平。原因是大运动量运动后糖原和蛋白质的合成使血钾进入细胞，造成血钾较低；另外，也可能与运动中大量出汗致使钾随汗液丢失，导致血浆钾水平下降有关。

（二）钾对运动能力的影响

钾对肌肉收缩和神经传导有重要作用。钾轻度缺乏时，肌肉软弱无力，导致运动能力下降，并可引起肌肉的运动性损伤。钾严重缺乏时，神经传导功能受损害，神经反射减弱或消失，脉搏微弱，血压下降，心传导阻滞，心电图改变，可出现 T 波平、Q-T 间期延长、U 波异常等。运动员钾缺乏是导致中暑的一个重要原因。

（三）膳食保障措施

我国运动员每日钾的适宜摄入量为 3～4 g。水果、蔬菜、鱼肉、牛肉、猪肉等食物含钾较多，可通过增加这些食物的摄入来补充钾。运动饮料含有一定量的钾盐，可适当饮用运动饮料以补钾。另外，也可补充含钾的无机盐片剂。补钾盐时应特别注意，尽管大量补钾在肾功能正常时未见不良反应和危险，但运动员在运动后无尿或少尿的情况下，应该先补充水分，待尿量恢复正常后，再补充钾盐。

三、镁与运动

(一)运动对镁代谢的影响

运动中,运动员血清(或血浆)镁浓度的改变与运动强度及运动持续时间有关。短时间、高强度运动使血清(或血浆)镁浓度升高,原因可能是:①运动引起血浆容积减少;②体液酸化或肌肉收缩造成细胞镁流出。长时间耐力运动造成血镁浓度降低。一些研究者认为,由于体内的镁重新分配,镁可能从储存部位移向代谢旺盛组织(如运动肌、红细胞、脂肪组织),红细胞摄取镁可能增强运动期间红细胞的功能,也是三磷酸腺苷酶和去磷酸过程所需要的。虽然汗液中镁浓度一般低于 2 mmol/L,但由于运动员的出汗量远远大于普通人,所以运动将增加镁随汗液丢失的量。有人计算,如果汗液中电解质的总丢失量为 4~34 mg/L,镁的吸收率为 35%,要补充 1 L 汗液丢失的镁,则需要补充 10~100 mg 的镁。运动也会造成尿镁排出增加。

(二)镁对运动能力的影响

镁是调节酶活性、维持骨骼肌和心肌正常收缩、维持神经传导的必需元素。镁是人体内 300 多种酶的激活剂和辅助因子,在维持酶的活性方面起作用,在维持神经信号的传递、细胞膜电位和跨膜转运的过程中起重要作用,对维持肌肉细胞的兴奋性也有重要作用,还有稳定细胞核酸结构的功能。细胞内镁的释放,可调节并维持细胞外液中镁的适宜浓度。

人体内镁不足可引起食欲减弱、恶心、肌肉震颤、情绪多变等症状。低血镁常伴有低血钾。

(三)膳食保障措施

普通人镁的推荐膳食供给量是 5~8mg/千克体重,男性 350 mg/d,女性 300 mg/d。适量的镁对神经传导和肌肉收缩具有重要作用,运动员对镁的需要量增加,是因运动员的镁丢失量较多。我国运动员每日镁的适宜摄入量高于普通人,为 400~500 mg。

镁广泛存在于多种食物中,植物性食物含镁较多,粗粮、干豆、坚果、绿叶蔬菜、菌藻类含量都比较丰富，是镁的良好来源。摄入大量脂肪、磷酸盐和草酸会影响镁的吸收。从食物中摄入镁不足、吸收差，以及排出镁的量增加，是引起镁缺乏的常见原因。

四、钙与运动

（一）运动对钙代谢的影响

运动员常见钙缺乏或不足现象，尤其是女运动员。原因主要是钙摄入不足和钙丢失量增加。

1. 钙摄入不足

控制体重（如体操、举重、摔跤等）项目的运动员和女运动员钙摄入量不足的主要原因是缺乏营养知识，食物选择不当，奶制品摄入量低。

2. 钙丢失量增加

运动可增加钙丢失，运动员在训练和比赛中会随汗液丢失大量钙。汗液中钙含量约 2.55 mmol/L（102.2 mg/L），如果运动员每日出汗 3 L，则约 300 mg 钙随汗液丢失；如果运动员在高温环境下训练和比赛，每日出汗量可达 5 L～6 L，随汗液损失的钙则达 500 mg～600 mg。

（二）钙对运动能力的影响

钙在维持神经和肌肉兴奋性、骨骼肌收缩、细胞信号转导等方面具有重要作用，因此，钙对保持运动能力非常重要。长期钙摄入不足可导致骨密度下降、骨质疏松和应激性骨折。闭经的女运动员更易发生应激性骨折。骨矿密度（bone mineral density，BMD）低或骨质疏松与机体钙营养状况、运动和雌激素水平三个因素有关。女运动员三重综合征即饮食紊乱、闭经和骨质丢失，不仅影响运动能力，而且对女运动员短期和长期健康都可造成不良影响。

（三）膳食保障措施

奶和奶制品含钙丰富，且吸收率高，是钙的良好来源。有的运动员由于对乳糖不耐受，不吃牛奶和奶制品。乳糖不耐受者可以喝酸奶，采取每日少量多次饮奶或其他方法，如饮奶前服用乳糖酶或吃经乳糖酶处理过的奶制品。对于乳糖完全不耐受者或在应激期间（如重大比赛）乳酸不耐受程度增加者可通过其他食物来源补钙或使用钙制剂。小虾皮、海带、豆类、芝麻酱和绿色蔬菜等含钙也较丰富。

运动项目不同，运动员对钙的需求也不同。我国运动员每日钙的适宜摄入量为1 000~1 500mg。大运动量项目运动员、在高温环境中训练或比赛的运动员钙摄入量可考虑其上限，即1 500mg。

五、铁与运动

（一）运动对铁代谢的影响

运动员铁缺乏一直备受关注，并与健康和运动能力密切相关的问题。运动训练使铁的需要量增加、吸收量减少和丢失量增加。

1. 铁丢失量增加

运动员随汗液流失的铁较普通人多。以运动员在高温环境下出汗4 L计算，随汗液流失的铁可达1.54~3.70 mg；长跑、竞走、足球等项目运动员每天可随汗液流失的铁约14 mg，运动员从消化道丢失的铁明显增加；女运动员每次月经丢失铁量也较普通人多。

2. 铁摄入、吸收不足

机体通过小肠吸收食物铁。运动员中普遍存在饮食结构不合理，膳食不平衡，摄入脂肪过多，蛋白质及多种维生素摄入不足等问题，影响铁的吸收和利用。

3. 铁需要量高于普通人

运动员肌肉湿重每增加10%，则多需铁170 mg；循环血量增加9%，则多需铁约200 mg。在此基础上，再加上肌肉挤压、摩擦、组织损伤所引起的红细胞损伤、溶血，若不给予足够的营养或铁剂补充，很可能发生运动性贫血。

研究发现，女运动员铁储备状况差于男运动员。女子耐力运动员因月经丢失铁，加上不良的饮食习惯，铁储备常处于低水平。膳食调查显示，女运动员铁的摄入量往往低于推荐摄入量。

（二）铁对运动能力的影响

运动可加快铁在体内的代谢，长期运动训练使组织内存铁量明显下降，而铁储备低会增加发生贫血的危险性。运动员普遍存在铁营养状况不良的现象，青少年运动员、耐力项目运动员、女运动员和控制体重运动员均为缺铁性贫血的易患人群，他们的运动能力和运动成绩均会受到影响。

运动员的铁营养状况不仅与运动能力有关，而且与认知能力有关。研究表明，当运动员的铁营养状况处于缺乏或已经发生缺铁性贫血时，补充铁剂改善铁营养状况、提高运动能力的效果非常显著。如果铁营养状况良好，补铁对运动能力的改善效果则不明显。另外，铁属于过渡金属，在体内可引起自由基连锁反应。如果过量补铁，可引起铁的毒性反应，对运动能力产生不良影响。

（三）膳食保障措施

我国运动员每日铁的适宜摄入量为 20 mg（大运动量或高温环境下训练为 25 mg）。

动物性食物中含有丰富的铁。动物肝脏、瘦肉、动物全血、禽肉、鱼肉、鸡蛋均是铁的良好来源。运动员应增加动物性铁的摄入，动物性铁主要是血红素铁，比植物性铁更易吸收。维生素 C 和蛋白质可促进铁吸收。肉类（如禽和鱼）与蔬菜混合食用可增加蔬菜铁的吸收，与含维生素 C 的食物（如橙汁）同时食用可增加动物性铁的吸收。黑木耳、芝麻酱、干果、豆类也是铁的较好来源。此外，使用铁制炊具同样可以有效地增加铁摄入量，必要时还应补充铁剂。

对已经出现贫血的运动员，需要进行补铁治疗。由于大剂量补铁可能引起中毒，补铁应在医生严格的监督下进行。预防性补铁应采用小剂量，每日 0.1～0.3 g，不可超过 3 个月。铁中毒时会出现恶心、便秘、消化功能紊乱、肝组织中铁沉着，严重时易发生肝硬化。

第六节 维生素与运动

一、运动对代谢和维生素需要量的影响

运动训练能增强能量代谢，维生素是能量代谢的辅助因子，适量摄入维生素有利于能量生成并改善神经系统功能。运动量加大时，维生素需要量增加的幅度要超过按能量比例计算的数值。研究已证实，肌肉运动可加速维生素缺乏症的发生，并使其症状加重。

一般情况下，运动员只要做到平衡膳食即可达到各种维生素的生理需要量。运动员在能量摄入充足时，中、低强度运动训练不会引起维生素营养状况恶化，但营养调查结果常显示，运动员存在边缘性维生素缺乏。值得注意的是，目前对运动员的维生素营养状况缺乏经常性监测，维生素的吸收程度及其在食品加工、储存、制备过程中的损失常被忽略。运动员的膳食营养素供给量标准尚不完善，还不能准确评价运动员的维生素营养状况。

运动员是维生素补充的主要目标人群，额外补充维生素的目的是增强运动竞技能力，延缓疲劳发生和加速能量供应。尽管缺乏摄入大剂量维生素可提高运动能力的证据，但许多运动员仍采用大剂量补充维生素的措施，补充剂量超过供给量的10倍，甚至上千倍，不仅花费大，而且脂溶性维生素如维生素A和维生素D可在体内蓄积，引起中毒，危害健康。

二、维生素与运动能力

维生素与运动能力的关系已引起广泛重视。维生素参与机体的各种代谢过程，缺乏或不足时会对运动能力产生不利影响。维生素轻度缺乏，表现为倦怠、食欲不振、头痛、便秘、易怒、疲劳、活动能力减弱、抵抗力下降、做功量减少、运动效率降低；维生素进一步缺乏，可导致生活能力及组织器官功能衰退。

（一）水溶性维生素

目前，尚缺少单独补充维生素B_1、维生素B_2、维生素B_6和维生素C可提高

运动能力的有力证据。维生素 B_1、维生素 B_2、维生素 B_6 和维生素 C 缺乏，将影响红细胞转酮醇酶活性和有氧运动能力。若运动员补充 1~3 个月的 B 族复合维生素，虽然血中维生素水平和红细胞转酮醇酶活力会有所增加，但运动能力未必会得到改善。目前在相关研究中还未观察到维生素 B_1、维生素 B_2、维生素 B_6 和维生素 C 营养状况与最大摄氧量或其他运动能力间有任何联系。

维生素 B_{12} 缺乏可降低红细胞携氧能力，影响最大有氧运动能力和亚极量运动能力，但运动员与普通人一样，维生素 B_{12} 缺乏较少见。

（二）脂溶性维生素

目前未见有关补充维生素 A 和维生素 D 引起运动能力改变的报道。对均衡膳食、维生素 A 营养状况良好的运动员，无须额外补充维生素 A。β-胡萝卜素和维生素 A 的抗氧化作用是否能降低自由基所致运动损伤仍需要进一步研究。

补充维生素 E 对提高高原训练的运动能力有一定作用。有研究显示，受试者补充维生素 E 后，在海拔 1 667 m 处最大摄氧量增加 9%；在海拔 5 000 m 处最大摄氧量增加 14%。补充维生素 E 后，运动员在海拔 2 700 m 和 2 900 m 高度上进行力竭运动后血乳酸浓度显著下降。一般运动训练状态下，不提倡补充维生素 E，尤其是补充大剂量维生素 E，因为大剂量维生素 E 可减弱蛋白质分解。蛋白质分解是刺激运动后蛋白质合成所必需的。补充维生素 E 对体能的影响仍缺少证据，维生素 E 与运动致肌肉酸痛和损伤，以及肌肉蛋白质转换之间的关系有待进一步研究。

缺乏维生素可导致工作能力下降，纠正维生素缺乏或不足，可提高运动能力。但如果运动员体内维生素状况已处于良好水平时，额外甚至超常量补充一种或几种维生素制剂，效果往往不明显。过量补充某种维生素会引起体内维生素失衡。过量摄入脂溶性维生素 A 和维生素 D，可在体内蓄积而引起中毒，如维生素 D 中毒可引起异位钙化。过量补充水溶性维生素也会引起严重的不良反应，如维生素 C 摄入过量，可引起胃肠道不适、维生素 B_{12} 缺乏、尿液酸化及草酸结石形成、肾脏及膀胱损害等毒性作用。所以，有必要对运动员维生素营养状况进行定期监测。

三、运动员的维生素参考摄入量

（一）维生素 B_1

运动可增加维生素 B_1 的需要量。维生素 B_1 的需要量与运动强度及气温条件等因素有关。体力活动时，维生素 B_1 的消耗量增加，排出量减少。此外，运动员维生素 B_1 的需要量还与运动负荷量有关。耐力运动和神经系统负担较重的运动项目如游泳、马拉松、体操、乒乓球等项目需要较多的维生素 B_1。

推荐运动员维生素 B_1 适宜日摄入量为 3~5 mg。因此，应尽可能从食物中摄取维生素 B_1，必要时可采用维生素 B_1 制剂。

（二）维生素 B_2

训练可能增加维生素 B_2 的需要量。虽然我国优秀运动员维生素 B_2 缺乏或不足的检出率低于维生素 B_1 缺乏或不足，但仍有约 20%~30% 的运动员处于维生素 B_2 不足或边缘性缺乏状况。因此，应特别关注生长发育期的少年儿童和能量消耗大、控制体重或减轻体重以及素食运动员的维生素 B_2 营养状况。

推荐运动员维生素 B_2 适宜日摄入量为 2~2.5 mg。

（三）其他 B 族维生素

由于运动引起代谢加速，运动员和运动活跃人群应增加维生素 B_6 摄入量。理论上，维生素 B_6 耗损会影响糖原分解和无氧代谢能力，但糖原磷酸化酶不是糖原分解的限速酶，维生素 B_6 耗损时其活力变化不大，不影响糖原代谢；维生素 B_6 严重耗损会影响血红蛋白的合成，影响氧的转运。因为运动中氨基酸分解供能不超过总能量的 10%，尚不清楚维生素 B_6 不足对氨基酸分解的影响是否会损害运动能力。推荐运动员维生素 B_6 适宜日摄入量为 2.5~3.0 mg。

（四）维生素 C

运动可增加维生素 C 的需要量。一次运动可使血液中维生素 C 含量增加，而组织器官中维生素 C 含量减少。为使体内维生素 C 达到饱和水平（口服维生素 C 500 mg 后，应达到 4 h 尿排出量为负荷量的 50%），运动员在训练期维生素 C 的适宜摄入量为 140 mg/d，比赛期间为 200 mg/d。改善运动员维生素 C 的营养状况，最好通过增加膳食中的新鲜蔬菜、水果来增加维生素 C 的摄入量。

（五）脂溶性维生素

运动员维生素 D 和维生素 E 缺乏较为少见。维生素 A 的需要量随运动强度、生理状况及视力紧张程度而变化。有报道，运动员在高原或低氧压条件下训练，补充维生素 E 有提高最大摄氧量、减少氧债和降低血乳酸的作用。维生素 E 毒性较低，但过量补充维生素 E 可减弱白细胞杀菌能力，还增加维生素 K 的需要量，当补充量达到 200~1 000 mg 时，可出现消化功能紊乱、软弱无力等症状。因此，在高原训练情况下，维生素 E 的补充应适量。室内训练的运动员应适量增加维生素 D 的摄入量。

第七节　水与运动

水与体育运动的关系密切。运动者的水代谢远高于不运动者。运动过程中机体大量产热，需要通过汗液蒸发的方式散发热量。水营养是合理营养的基础，只有保持良好的水营养，才能保证身体的健康，维持良好的竞技状态，发挥最大的运动潜能。

一、水在体育运动中的生理功能

（一）运动中能量供应依靠水的参与

水参与机体内许多代谢过程。水溶解性强，能溶解多种物质；水流动性大，可加速生化反应，有利于物质运输。营养素的消化、吸收、生物氧化、运输，甚至代谢废物的排出都必须在水的参与下进行。体内大部分生化反应都在细胞液中进行，并由此完成各种新陈代谢和生理活动。

（二）运动时依靠汗液蒸发调节体温

正常体温的维持，是机体产热和散热过程动态平衡的结果。机体热产生的来源是组织细胞的各种代谢活动,安静时产热部位主要是内脏,劳动或运动时产热部位主要是肌肉和皮肤。肌肉收缩需要机械能,而能源物质碳水化合物、脂肪和蛋白质氧化提供的是化学能,机体将这些化学能转化为机械能,转化率为25%,其余75%转化为热能积蓄在体内,使体温升高。肌肉产生的热能由血液带到体表,再通过汗液蒸发的方式散发。所以,运动时出汗是体温调节的重要方式,使体温不致因运动而升高。每蒸发1 L汗水,可排出2.4 MJ(575 kcal)热量。

(三)水具有润滑和缓冲作用

水是关节、肌肉和体腔的润滑剂,因为水黏度小,使摩擦面润滑,运动时能减少损伤,同时对组织器官起到一定的缓冲保护作用。

(四)水维持脏器的形态和机能

体内结合水与蛋白质、糖胺聚糖和磷脂等结合形成胶体,使脏器维持一定的形态和坚实性;血液中游离水有利于血液循环流动。失水过多会导致血液浓缩、血流减慢,影响供氧和代谢废物的排泄,导致肌肉酸痛、运动能力下降等。

运动员只有在体内水分充足时,才能维持正常的生理功能,调节体温,并获得最大的体能。运动时若出汗较多,供水量也应相应增加。

二、运动性脱水及其影响

根据丢失水分的多少,可将运动性脱水分为轻度脱水、中度脱水和重度脱水。

(一)轻度脱水

失水量为体重的2%左右时为轻度脱水。轻度脱水以细胞外液即血液和细胞间液的丢失为主。血容量减少造成运动时心脏负担加重,运动能力受到影响。轻度脱水时,表现为口渴、尿少,尿钾丢失量增多。

(二)中度脱水

失水量为体重的4%左右时为中度脱水。中度脱水不仅丢失细胞外液,还丢失细胞内液,两者的丢失量大致相等。此时可表现为脱水综合征,即严重的口渴感，心率加快，体温升高，血压下降，容易疲劳，运动能力下降。

（三）重度脱水

失水量为体重的6%以上为重度脱水。此时，细胞内液丢失量大于细胞外液丢失量。除有中度脱水的表现外，还可出现呼吸频率增加、恶心厌食、易激怒、肌肉抽搐，严重时出现幻觉，甚至昏迷。

运动员重度脱水时可能中暑，表现为体温升高、面色潮红、肌肉痛性痉挛、头痛、脉搏加快、虚弱、晕厥等症状。中暑极严重时可能引起死亡。

三、运动中的合理补水

（一）补水原则

脱水不仅影响运动员的运动能力，还威胁运动员的健康。因此，运动中合理补水十分重要。怎样补水才能保证合理的水营养？当脱水达体重的2%时，人才感到口渴，而此时运动能力已开始下降，所以不能将口渴作为补水的标志。补水的主要原则是：积极主动补水。

（二）补水的方式

科学的补水方式为少量多次饮水，可根据不同运动项目在运动前、中、后期及时补水。因为机体中一次摄入大量水分可引起血液稀释，循环血量增加，加重心脏负担，红细胞运输氧的能力反而下降；血液中过多的水分由肾脏和汗腺排出，既增加肾脏负担，又增加能量消耗，并进一步引起矿物质损失。大量水进入胃内，稀释胃液影响食欲和消化功能，如继续运动可引起腹痛、呕吐。在补水的同时还应补充矿物质，以促进迅速复水，防止或推迟疲劳的出现。

1. 运动前补水

结合个人状况、运动项目和天气等具体情况，运动前应适量补水。运动前2 h最好摄入400～500 ml水，对维持体温恒定，延缓脱水发生有益。运动前15 min可少量饮水，分次饮用。运动员在参加比赛前几天多喝水，虽然多余的水分不能在体内储存，但有利于在比赛开始时体内达到最大的水合状态。运动前不应一次性大量饮水,否则会增加胃肠道、心脏、肾脏负担,增加排尿和出汗量。但在特别炎热的天气,还应额外补水 250~500 ml。

2. 运动中补水

运动中补水的目的在于防止过度脱水及过热引起的运动能力下降。运动中每隔 15~20 min 要补充 200~300mL 运动饮料或水,最好采用含糖和矿物质的运动饮料来补充水分及矿物质。因为在热环境下,运动饮料可被组织迅速吸收。在剧烈运动中,水的最大吸收量为 800 mL/h,故每小时补水不宜超过 800 mL,水温以 8~12℃为宜。运动中不宜一次性大量饮水,水在胃中潴留会造成不适感,影响膈肌运动和呼吸,从而影响运动能力。

3. 运动后补水

因为运动员在运动中补水量往往小于丢失量,所以运动后也要补水,使水出入量达到平衡。补水量可根据丢失情况而定。运动后补水也要遵循少量多次的原则,切忌暴饮。短时间内大量饮水虽然可解一时的口渴感,但尿量和出汗量的增加,不仅加重了体内矿物质的丢失,还增加了心脏和肾脏负担。应补充含矿物质或含糖的运动饮料,以促进血容量的恢复。不可只饮用白开水,饮用白开水虽然一时解渴,但可造成血浆渗透压降低,增加排尿量,延长机体的复水时间。暴饮白开水还会稀释胃液,影响食欲和消化功能。运动中丢失的体液应在次日晨起得到基本恢复,监测体重可了解复水的程度。

第五章　运动和营养与健康

本章主要介绍运动了和营养与健康，主要从三个方面进行了阐述，分别是运动和营养与自由基、运动和营养与免疫、运动和营养与慢性病防治。

第一节　运动和营养与自由基

在生理状况下，人体内不断进行氧化还原反应而生成自由基，同时自由基也不断被体内抗氧化防御系统清除，因此自由基在体内保持着低浓度的动态平衡。如果体内自由基产生过多或清除自由基的能力下降，则会损伤体内的生物大分子，破坏细胞的结构与功能，导致衰老和疾病的发生。研究证明，运动和营养均与自由基反应有关。运动实验可使自由基产生量增加，但运动又可使体内抗氧化系统功能增强；合理营养，既能够防止营养不良，也能够补充抗氧化剂，有利于自由基的清除，以保护机体免受自由基攻击，从而起到增进健康、提高运动能力的作用。

一、自由基与抗氧化系统

（一）自由基和氧化应激

1. 自由基

自由基是指带有不成对电子的原子、原子团、分子或离子，如带有不成对电子的氧，称为氧自由基。由于体内电子传递过程大多发生在氧原子或氧分子上，因此代谢过程中产生的自由基90%以上为氧自由基。生物体内常见的氧自由基有超氧阴离子、羟自由基、过氧自由基、烷氧自由基、氮氧化物等。这些氧自由基及其衍生的单线态氧、过氧化氢和脂质氢过氧化物统称为活性氧。

自由基是有关酶系统催化的需氧代谢过程和电子传递过程的中间产物,人体在应激、炎症等生理病理状态下能产生超氧阴离子和氮氧化物参与正常的生化过程,刺激吞噬细胞和中性粒细胞的吞噬杀菌功能与免疫过程。但当体内自由基产生超过机体自身清除能力时,自由基攻击核酸、蛋白质、多不饱和脂肪酸等生物大分子,使之发生交联或断裂,导致组织损伤或机体衰老。

2. 氧化应激

大多数情况下,机体内被称为活性氧的、性质活泼的含氧物质与自身抗氧化防御系统保持动态平衡,当这种平衡倾向于活性氧一边时,就会造成氧化应激状态。细胞能耐受轻度的氧化应激,但严重的氧化应激会使细胞代谢失调,包括DNA损伤、细胞内游离钙离子和游离铁离子增多、对膜离子转运体和其他蛋白质的损害及脂质过氧化,最终可导致细胞损伤和死亡。

3. 氧化应激的结果

(1)脂质过氧化。脂质过氧化是一个发生在组织细胞膜性组分由自由基介导的过程。机体细胞膜和细胞器膜都以脂质双分子层为膜骨架,活性氧与多不饱和脂肪酸反应生成脂质过氧化物后,膜结构被破坏,膜的流体性、流动性、交联性、通透性、离子转运和屏障作用等多种功能受到影响。溶酶体膜破裂,细胞发生自溶。

(2)蛋白质变性。羟自由基和脂质自由基可以吸引核酸和蛋白质分子上的氢离子,或引起加合反应,生成核酸自由基和蛋白质自由基。蛋白质自由基可与另一蛋白质起加成反应,生成二聚体、三聚体或多聚体,可导致蛋白质变性和酶失活,细胞功能严重受损或死亡。

(3)基因突变。氧自由基可使脱氧核糖核酸中的胸腺嘧啶5、6位的双链发生氧化、交联,导致基因突变。一方面,可引起转录异常,形成非正常的信使核糖核酸(mRNA),产生异种蛋白,引起免疫反应;另一方面,可引起脱氧核糖核酸复制异常,导致突变或诱发癌症。

(二)人体的抗氧化防御系统

人体内自由基虽然不断产生,但同时存在清除自由基的酶类和非酶物质不断清除自由基，使自由基生成与清除处于动态平衡，从而保护机体免受自由基损伤。

1. 抗氧化酶系统

人体内存在以下重要的抗氧化酶系统。

（1）超氧化物歧化酶。超氧化物歧化酶（superoxide dismutase，SOD）是清除体内氧自由基的主要酶系，广泛存在于生物组织中，按其金属辅基不同，可分为三类：CuZn-SOD、Mn-SOD 和 Fe-SOD。它们是清除超氧阴离子自由基的歧化酶，但半衰期较短，且清除氧自由基的能力有限。

（2）谷胱甘肽过氧化物酶。谷胱甘肽过氧化物酶（glutathione peroxidase，GSH-Px）是一种含硒的氧化酶，主要存在于胞质和线粒体中，催化过氧化物或过氧化氢与还原型谷胱甘肽反应，生成氧化型谷胱甘肽。

（3）过氧化氢酶。过氧化氢酶（catalase，CAT）也称"触酶"，主要存在于红细胞及某些组织细胞中，催化过氧化氢分解成水和氧气，从而减少或消除对机体有害的羟自由基生成。

2. 非酶抗氧化剂

人体内非酶抗氧化剂由许多具有抗氧化功能的营养素或其他物质组成。重要的抗氧化剂有维生素 E、β-胡萝卜素、还原型谷胱甘肽、维生素 C、半胱氨酸、牛磺酸等。

3. 食物中的抗氧化物质

食物中的抗氧化物质可分为如下两类。

（1）抗氧化营养素。抗氧化营养素有维生素 E、维生素 C、维生素 A、β-胡萝卜素，以及微量元素硒、铜、锌、锰等。此外，食物中还有许多具有抗氧化功能的多肽、酶和蛋白质等。

（2）非营养素抗氧化物。一些植物化学物具有抗氧化作用。例如：番茄、胡萝卜、南瓜、玉米、柑橘等含有类胡萝卜素；银杏、茶叶、薯类、大豆、洋葱等含有类黄酮；茶叶、葡萄、人参、芦丁等含有多酚化合物；绿叶蔬菜、甜椒、胡萝卜等含有叶绿素；各类柑、橘皮含有柠檬烯；番茄、西瓜、葡萄柚含有番茄红素；葱属植物含有二烯丙基硫化物。

二、运动与自由基

（一）剧烈运动与自由基反应

1. 自由基产生增加，体内抗氧化剂减少

研究表明，体力活动使氧摄入增加10倍～20倍，运动中骨骼肌纤维氧流出量可增加100倍～200倍。运动增加氧消耗的同时，自由基生成及伴随自由基生成的脂质过氧化物增加，对人体组织和功能均会造成一定损伤。采用电子自旋共振（ESR）技术直接探测组织中的自由基，发现大鼠在跑台上进行力竭性运动后肝脏和骨骼肌的自由基浓度增加2～3倍。大量研究显示，体力活动与氧化应激相互关联，生成过量的活性氧，而还原型谷胱甘肽含量明显下降。剧烈运动造成机体自由基产生增加的原因目前还不清楚，可能的机制包括：线粒体电子漏机制、黄嘌呤氧化酶机制、钙过载机制、前列腺机制、中性粒细胞呼吸爆发机制、儿茶酚胺自氧化机制等。运动中骨骼肌线粒体产生的一氧化氮也与过氧化物、过氧化氢和羟自由基的产生有关。

剧烈运动引起自由基产生增加，主要有以下特点。

（1）自由基产生的组织器官特异性。剧烈运动引起自由基反应明显增强的组织器官多是与运动密切相关的组织器官，如骨骼肌、心脏、肝脏、肾脏、血液等，而与运动关系不太密切的组织器官，自由基反应一般不强烈。例如，大鼠力竭运动后脑组织中脂质过氧化产物丙二醛（MDA）的变化不大，超氧化物歧化酶的活性变化也不明显。一种可能是运动诱导产生的自由基和脂质过氧化产物尚未累及中枢神经系统；另一种可能是中枢神经系统存在高效的抗氧化系统。

（2）自由基反应程度与运动形式有关。即使是同一组织，剧烈运动后自由基反应的程度也不同。大鼠力竭游泳运动后，股四头肌白肌纤维、红肌纤维以及心肌纤维的丙二醛水平和超氧化物歧化酶活性升高程度不同，以白肌纤维升高幅度最小，心肌纤维升高幅度最大。一方面，说明运动形式不同，骨骼肌纤维类型不同，可使自由基反应的程度不同；另一方面，说明骨骼肌纤维类型不同，产生和清除自由基的体系与功效也可能不同。

2. 体内抗氧化酶系统活性增高

剧烈运动可使机体血清（血浆）或全血、红细胞、骨骼肌、心肌、肝脏等组织器官的丙二醛含量增高，同时 CuZn-SOD、Mn-SOD、GSH-Px、CAT 等酶活力也明显升高。虽然剧烈运动使机体抗氧化酶系统活性增高，消除自由基能力增强，但仍不能及时清除大量生成的自由基，致使机体自由基和脂质过氧化物增多。

3. 运动致自由基反应增强的结果

运动引起体内自由基产生增加，导致脂质过氧化反应加强，从而对组织和细胞造成损伤。这些损伤主要表现在以下几个方面。

（1）肌肉疲劳。剧烈运动后，过多的自由基可攻击肌纤维膜和肌浆网膜，使其完整性受到破坏，造成一些离子的转运与代谢紊乱。另外，因为线粒体是运动性自由基生成的场所，所以自由基的大量增加使线粒体呼吸链受到破坏，三磷酸腺苷的生成受阻，从而导致肌肉的工作能力下降，加速疲劳的出现。

（2）骨骼肌损伤。运动最直接的组织为骨骼肌，剧烈运动易引起肌细胞氧消耗增加（比安静时约高出 20 倍），机体代谢旺盛产生自由基；酸性代谢产物的堆积也易造成机体产生大量自由基，从而导致脂质过氧化，最终导致骨骼肌损伤。

（3）心脏功能受损。运动对心血管的作用分有利和有害两个方面，适当的运动可增强心脏和血管的功能，对防治心血管疾病具有重要意义；不适当的运动对心血管有害，由于血液中儿茶酚胺浓度增高，能量代谢转向主要依靠脂肪酸氧化供能，供氧系统超负荷。在组织供氧不足的情况下，线粒体外用氧异常比线粒体内缺氧更容易发生，使超氧阴离子、过氧化氢、羟自由基的生成增加，促进脂质过氧化，损伤生物膜，导致心血管疾病的发生，如造成心肌损害甚至猝死。

（二）运动训练与自由基

研究表明，有氧运动训练可使人体的血液、肌肉、肝脏等组织器官中自由基和脂质过氧化产物减少，自由基引起的损伤程度减轻。运动训练还可减少骨骼肌损伤，使血浆肌酸激酶活性下降，原因可能是运动训练引起的抗氧化酶活性升高，及时清除自由基，可以使自由基对骨骼肌细胞膜脂质过氧化作用减弱。短时间的高强度运动后，未受训练者血浆肌酸激酶活性明显升高，而受过训练者该酶活性变化不明显。

流行病学研究表明，经常参加体育锻炼，可减少疾病的发生。但超强和超长的体育活动可产生大量自由基，引起细胞大分子的氧化损伤，其中，DNA 碱基的氧化修饰，特别是鸟嘌呤 C-8 的羟基化，有可能加速细胞衰老和引起癌症。然而补充抗氧化剂，如维生素 C 和维生素 E，具有预防 DNA 氧化损伤的作用。短时间或长时间的适度运动不会引起 DNA 氧化损伤，甚至还会减轻 DNA 氧化损伤。

运动员在大强度运动训练和极限运动后尿中脂质过氧化物明显增加，并且在周期性运动训练中，尿中脂质过氧化物随训练量增加而增加。故可利用尿脂质过氧化物作为评价和监测运动性疲劳的指标。

三、营养物质对运动机体自由基产生和清除的影响

营养物质在清除因运动而产生的自由基过程中起着重要作用。营养素或参与抗氧化酶的构成，或作为还原剂直接清除自由基。一般来说，维生素直接清除自由基或在清除自由基的反应体系中提供氢离子，而微量元素则是通过参与抗氧化酶的构成发挥作用。

（一）维生素

1. β-胡萝卜素和维生素 A

β-胡萝卜素是目前已知的作用最强的单线态氧清除剂，可减轻脂质过氧化反应。

维生素 A 缺乏引起大鼠血清、肝脏及脑组织超氧化物歧化酶活性明显下降，全血、肝脏及脑组织 GSH-Px 活性明显降低，血清、肝脏及脑组织丙二醛水平显著升高。故认为，维生素 A 缺乏可以使大鼠脂质过氧化反应增强，抗氧化能力明显减弱。

2. 维生素 E

维生素 E 是公认的抗氧化剂，可将活泼的氢离子给予自由基，使之变为稳定分子，而本身则最终变为 α-生育醌，从而防止脂质过氧化。一个 α-生育酚分

子可清除或捕捉两个自由基：先捕捉一个自由基，生育酚的酚基失去一个氢离子而形成生育酚自由基；后者进一步与另一自由基反应生成非自由基产物，即生育酚。维生素 E 还能猝灭单线态氧。

维生素 E 可防止自由基对生物膜上多不饱和脂肪酸的攻击，而胞液中过氧化物和自由基则主要由含硒的 GSH-Px 来清除。因此，维生素 E 和硒在清除自由基方面起协同作用。

通过还原型抗坏血酸和还原型谷胱甘肽提供氢离子，氧化态的生育酚可重新转变成醇的状态，继续发挥抗氧化作用。如果体内维生素 C 充足，就可使低浓度的维生素 E 持续发挥作用。

补充维生素 E 可以明显降低运动后机体中自由基的浓度，减轻自由基对机体的损伤，提高抗氧化酶活力，增强运动能力。维生素 E 缺乏时，运动能力下降。

3. 维生素 C

维生素 C 在组织中以还原型抗坏血酸和氧化型抗坏血酸两种形式存在，前者占绝大多数。还原型抗坏血酸在抗氧化过程中起重要作用，可提供氢离子，还原氧自由基，直接清除自由基。此外，还原型抗坏血酸作为性质活泼的还原剂，通过提供氢离子，还原氧化型的抗氧化剂，起到间接清除自由基、抗氧化的作用，如可将氧化型谷胱甘肽还原为还原型谷胱甘肽。还原型抗坏血酸还可还原氧化态生育酚为还原态，使其继续发挥抗氧化作用。补充维生素 C，可使运动后机体丙二醛水平下降，减少脂质过氧化。

流行病学资料显示，疲劳性耐力训练往往导致运动员免疫系统功能低下而引发上呼吸道感染。营养干预试验显示，维生素 C 能有效地减少疲劳性训练或竞赛后运动员上呼吸道感染。原因在于，疲劳性训练或比赛后，神经内分泌系统对中性粒细胞的刺激加剧，使活性氧释放入血的速率增大，高浓度维生素 C 清除活性氧，因而减轻了自由基对免疫功能的不良影响，使上呼吸道感染发病率下降。因此，补充外源性抗氧化剂对经常从事耐力性训练和比赛的运动员有益。

4. 维生素 B_2

维生素 B_2 的活性辅基通常为黄素腺嘌呤二核苷酸（FAD），黄素腺嘌呤二核苷酸是谷胱甘肽还原酶的辅基，谷胱甘肽还原酶可催化氧化型谷胱甘肽转变为还原型谷胱甘肽。在维生素 B_2 缺乏时，谷胱甘肽还原酶活性降低，可导致氧化型谷胱甘肽升高。维生素 B_2 缺乏还可使红细胞中维生素 E 水平和超氧化物歧化酶活力降低，而红细胞和红细胞膜丙二醛明显升高，红细胞谷胱甘肽还原酶活性下降，红细胞膜脂质过氧化加重，红细胞膜流动性下降。

5. 维生素 B_6

维生素 B_6 也在抗氧化系统中发挥作用。缺乏维生素 B_6 的大鼠红细胞、骨骼肌、心肌、脾脏中 GSH-Px 活性显著低于补充维生素 B_6 的大鼠。维生素缺乏还会使大鼠胰腺谷胱甘肽还原酶活性下降。

6. 烟酸

烟酸以盐酰胺的形式在体内构成辅酶 I（或 NAD+）及辅酶 II（或 NADP+），是组织细胞中极其重要的递氢体，在生物氧化中起着重要作用。例如，还原型辅酶 II（NADPH 可还原氧化型谷胱甘肽，而发挥抗氧化作用。

（二）矿物质和微量元素

1. 硒

硒参与 GSH-Px 的组成，每个 GSH-Px 分子中含 4 个硒原子。硒还参与谷胱甘肽磷脂过氧化物酶的构成，该酶含有一个硒原子，主要分布于细胞膜上。GSH-Px 和谷胱甘肽磷脂过氧化物酶分别还原细胞可溶部分和生物膜上的脂质过氧化物，并起节约维生素 E 的作用。

硒营养状况良好的运动员，体内脂质过氧化程度低。运动员红细胞、血小板、血浆中的硒含量与相应部位的 GSH-Px 活性成正比。补硒可降低运动员运动后丙二醛水平。缺硒使机体在运动中抗氧化能力减弱，运动强度越大，脂质过氧化反应越强烈，抗氧化能力越低。运动训练可在硒营养水平不变的情况下提高机体抗氧化能力。

2. 锌

锌原子在 CuZn-SOD 中发挥稳定结构的作用。研究表明，锌对产生自由基的有关酶系有抑制作用。金属硫蛋白含有丰富的巯基，被认为是有效的自由基清除剂，而金属硫蛋白中含有锌原子和铜原子。锌缺乏时，体内自由基的生成速度增加，脂质过氧化加强，与自由基生成有关的酶活性升高。

3. 铜

CuZn-SOD 中含有铜，铜为此酶活性所必需，任何金属离子都不能取代铜的作用。缺铜可导致组织超氧化物歧化酶活性下降，自由基形成增多。血清超氧化物歧化酶可灵敏地反映铜的营养状况。铜还是血浆铜蓝蛋白的组成成分，铜缺乏可使铜蓝蛋白水平下降，而后者具有抗氧化作用。体内铜含量较高时，脂质过氧化作用明显，表明铜含量过高可促使自由基的产生。补铜过量引起的铜中毒，可能与过量铜导致自由基对机体的损伤有关。

4. 锰

锰参与 Mn-SOD 的构成，在线粒体中发挥清除超氧阴离子的作用，缺锰可导致 Mn-SOD 活性下降。

5. 铁

铁离子为过氧化氢酶的辅基，缺铁动物血浆和肝线粒体丙二醛明显升高，运动可进一步增加脂质过氧化物水平。缺铁还会引起红细胞变形性降低，可能与红细胞膜脂质过氧化损伤有关。

6. 镁

缺镁可使动物骨骼肌羟自由基含量增多，线粒体肿胀，肌浆网结构破坏，甚至造成机体损伤。

（三）其他营养物质

1. 蛋氨酸

蛋氨酸是一种必需氨基酸，可使大鼠心肌 GSH-Px 活性增加。低蛋氨酸可加重缺硒大鼠全血和组织 GSH-Px 活性下降，丙二醛含量升高，心肌超微结构改变。

2. 牛磺酸

牛磺酸可增强红细胞超氧化物歧化酶和 GSH-Px 活性，降低红细胞丙二醛含量，抑制红细胞溶血，有稳定红细胞膜的作用。研究表明，牛磺酸可以减少运动诱导的自由基产生，减轻自由基对机体的损伤，稳定生物膜，调节钙转运，从而消除运动性疲劳。

3. 还原型谷胱甘肽

剧烈运动后，血浆还原型谷胱甘肽（GSH）减少，氧化型谷胱甘肽（GSSG）增多，表明骨骼肌和肝脏消耗还原型谷胱甘肽增多。运动训练可使血浆还原型谷胱甘肽升高，氧化型谷胱甘肽下降，脂质过氧化产物减少。故还原型谷胱甘肽能有效地保护组织免受氧化损伤，补充还原型谷胱甘肽可降低运动后血中氧化型谷胱甘肽水平，提高运动员的耐久力。

（四）中草药

近年来发现一些中草药具有清除自由基、抗氧化的作用，如迷迭香、苁蓉、丹参、黄芪、红花、芦丁、党参、银杏叶、当归、五味子、赤芍、红参、女贞子、灯盏花、茜草等。开发利用中草药资源对于清除自由基、抗氧化、提高运动能力，具有广阔的前景。

许多营养物质在清除自由基过程中发挥着重要作用，这些营养素不足或缺乏，可引起抗氧化能力减弱，自由基反应和脂质过氧化作用增强，组织细胞结构和功能受损。因此，运动员要注意合理营养和平衡膳食，必要时可补充复合维生素和复合无机盐片，以保护机体抵抗自由基对人体的损伤，从而提高训练水平和运动能力。

第二节 运动和营养与免疫

免疫功能是机体防御细菌、病毒、肿瘤或异体大分子侵害机体的有效手段，免疫功能下降时，易引起感染。运动员合理营养有助于维持机体适宜的免疫活性，促进健康。

一、免疫系统概况

免疫系统由免疫器官、免疫细胞和免疫分子组成，是一个极其复杂而又十分重要的生理系统。

（一）免疫器官

免疫器官分为中枢与外周免疫器官，或者一级与二级免疫器官。中枢免疫器官包括胸腺、骨髓，胸腺为T淋巴细胞分化、成熟的场所，可分泌多种胸腺激素，包括胸腺素α和β家族、胸腺生成素、胸腺九肽及胸腺体液因子。骨髓为体内造血器官，也是各种免疫细胞的发源地和B淋巴细胞成熟场所，此外，骨髓还是抗体产生的主要部位。外周免疫器官包括脾脏，以及分布于全身脏器、皮肤、黏膜的淋巴结、淋巴小结和弥散性淋巴组织，具有重要的免疫过滤作用，是T淋巴细胞、B淋巴细胞等定居的场所和这些细胞识别外来抗原，发生免疫应答反应的部位，脾脏还合成吞噬细胞功能增强素，具有增强吞噬细胞功能的作用。皮肤、黏膜作为抵御外源性病原体侵入的第一道防线，在机体免疫防御体系中处于十分重要的地位。大量研究表明，呼吸道与胃肠道也具有重要的免疫功能。

（二）免疫细胞

免疫细胞泛指所有参与免疫应答反应或与免疫应答反应有关的细胞及其前身，包括造血干细胞、淋巴细胞、单核吞噬细胞、中性粒细胞、红细胞、肥大细胞等，在免疫应答过程中起核心作用的是淋巴细胞，分为T细胞、B细胞、NK细胞、K细胞等。T淋巴细胞、B淋巴细胞均来源于骨髓多功能干细胞中的淋巴样干细胞，经分化成为前T淋巴细胞、前B淋巴细胞。

前T淋巴细胞在胸腺内分化、成熟为T淋巴细胞，成熟的T淋巴细胞经血流分布至外周免疫器官的胸腺依赖区"定居"，并可经"血流→组织→淋巴→血流"到达全身，以发挥细胞免疫与免疫调节功能。T淋巴细胞至少可分为四个亚群，即诱导或辅助亚群、杀伤亚群、抑制亚群、迟发性超敏反应亚群。近来，还发现一种被称为反抑制亚群的T淋巴细胞。

（三）免疫分子

免疫分子包括各种免疫球蛋白、补体、细胞因子等，在抗感染、炎症反应、清除外源性病原体、调节各种免疫细胞功能，以及在自身性免疫疾病过程中起重要作用。细胞因子分为干扰素（interferon，IFN）、白细胞介素（interleukin，IL）、集落刺激因子（colony stimulating factor，CSF）、肿瘤坏死因子（tumor necrosis factor，TNF）四大类，它们的生物学作用参见有关免疫学书籍。近来的研究表明，细胞因子还直接或间接地参与调节机体的营养代谢，如肿瘤坏死因子及白细胞介素-1可以刺激肌肉蛋白质和脂肪分解，增加糖原异生，促进结缔组织重建和组织中锌、铁、铜的重新分布。

（四）免疫应答反应

正常情况下，机体通过非特异性和特异性免疫防御体系，保护机体免受外源性病原体的侵害。非特异性免疫系统包括皮肤、黏膜、单核吞噬细胞体、补体、溶菌酶、黏液、纤毛；特异性免疫系统包括T淋巴细胞介导的细胞免疫应答反应和B淋巴细胞介导的体液免疫应答反应。正常的免疫应答反应需要非特异性和特异性免疫应答反应的协同参与，如果免疫应答过程发生异常，将产生病理性免疫应答，可表现为免疫功能低下，导致感染增加，或免疫功能异常亢进，导致自身免疫性疾病。

二、运动对免疫功能的影响

（一）运动对免疫细胞的影响

1. 运动与T淋巴细胞

T淋巴细胞是细胞免疫反应中功能极为重要的细胞，而CD4+和CD8+又是T淋巴细胞中功能各异的两个亚群，机体的免疫平衡主要由这两类细胞相互影响来维持，CD4+/CD8+代表整体的免疫平衡。一般说来，CD4+在免疫反应中主要发挥辅助和诱导作用，CD8+则主要发挥杀伤和抑制作用，两类T细胞亚群比例失调就会产生机体免疫功能失常。一般认为，T淋巴细胞在不同强度、不同持续时间的运动中或运动后都有升高。研究表明，运动员CD8+构成比高于普通人，经4周高强度、大负荷的训练后，CD8+比例更趋升高。从理论上讲，CD8+比例上升会增加该细胞对机体免疫功能的抑制作用，导致CD4+的免疫促进。剧烈的运动训练可能导致机体免疫调节功能的紊乱，免疫功能减弱。大运动量训练后运动员的CD4+/CD8+比值呈倒置现象。

2. 运动与 B 淋巴细胞

研究发现，中长跑运动员冬训期间，在加大运动量期间的第一个月，血红蛋白下降的同时，免疫球蛋白 G、免疫球蛋白 A 水平也下降，免疫球蛋白 M 无明显变化；第二个月后，血红蛋白未恢复，但免疫球蛋白 G、免疫球蛋白 M 已恢复正常。说明运动员在大运动量不适应阶段，血清免疫球蛋白生成减少，而适量运动可改善免疫功能。分泌型抗体是机体黏膜抗感染的重要屏障，目前多数研究主要集中在分泌型免疫球蛋白 A。大量研究显示，过度训练降低呼吸道和消化道中分泌型免疫球蛋白 A 的浓度，导致上呼吸道感染发病率升高。

3. 运动与自然杀伤细胞

自然杀伤细胞（natural killer cell，NK cell）是一群具有自然杀伤能力的淋巴细胞，不需要抗原激活就能直接杀伤肿瘤细胞、病毒感染细胞及移植的组织细胞，在机体免疫防御反应中起着重要作用。关于剧烈运动对自然杀伤细胞的影响，一般认为，短时间高强度的剧烈运动往往会引起外周血自然杀伤细胞的大量募集，运动强度是影响剧烈运动中外周血自然杀伤细胞募集程度的关键。运动开始几分钟内自然杀伤细胞可增加 40%～100%，但持续一段时间后，自然杀伤细胞浓度就会下降，甚至低于运动前水平，同时伴随细胞功能下降。可能的机制是没有更多的成熟自然杀伤细胞被募集参与再循环和剧烈运动后淋巴细胞在外周血循环和脏器之间的重新分配。但另有学者认为，这与剧烈运动时肌肉损伤释放趋化因子，导致淋巴细胞包括自然杀伤细胞大量进入肌肉组织有关。

（二）运动与细胞因子

运动对细胞因子的影响，目前研究多集中在白细胞介素 -1、白细胞介素 -2、白细胞介素 -6 和肿瘤坏死因子。运动可促进白细胞介素 -1 的生成，但对白细胞介素 -2 的分泌的研究报道不多，且结果也不尽一致。长期参加适量体育锻炼的老年人，在安静时其血液中的自然杀伤细胞和白细胞介素 -2 含量显著增加；自行车运动员经过 6 个月的高强度运动训练后，其白细胞介素 -2 含量显著低于训练前和对照组。因此，适度运动增加白细胞介素 -2 的分泌，而过度运动抑制白细胞介素 -2 的分泌。有报道，17 名马拉松运动员中 15 人在运动后白细胞介素

-6显著升高。2 h~5 h赛跑测验和5 km赛跑后均可见血浆肿瘤坏死因子 $-\alpha$ 升高。目前认为，运动尤其是离心性肌肉运动导致肌肉细胞的机械性损伤，组织碎片作为抗原激活巨噬细胞，引起白细胞介素-1、白细胞介素-6及肿瘤坏死因子等细胞因子合成与分泌增加。因此，运动后细胞因子的释放可能与肌肉组织的损伤有关。

三、运动员营养对免疫功能的影响

（一）脂肪对运动时机体免疫功能的影响

有研究表明，膳食脂肪种类和含量通过改变细胞膜脂质成分影响免疫细胞的功能，尤其是多不饱和脂肪酸可直接影响细胞膜磷脂组成。一般来说，当细胞膜磷脂中n-6脂肪酸比例升高时，可增加花生四烯酸合成，提高细胞内前列腺素浓度，导致机体免疫细胞功能的抑制，即白细胞介素-2生成减少和抑制淋巴细胞对丝裂原的增殖反应，并使T淋巴细胞和自然杀伤细胞的功能低下。反之，当细胞膜磷脂中n-3脂肪酸比例升高时，则通过相反的机制提高免疫细胞的功能。因此，细胞膜中n-3和n-6脂肪酸的比例是影响细胞免疫功能的关键。有研究表明，运动员在赛前或强化训练前2个月摄入富含n-3脂肪酸的饮食，可明显减轻运动后的免疫抑制，其机制主要是干扰前列腺素介导的免疫抑制。

（二）碳水化合物对运动时机体免疫功能的影响

葡萄糖是机体产生免疫细胞（包括淋巴细胞、中性粒细胞、巨噬细胞）的重要原料。有研究表明，当葡萄糖和谷氨酰胺这两种底物以正常的生理剂量加入培养基中，吞噬细胞利用葡萄糖的速度比利用谷氨酰胺的速度快10倍。淋巴细胞和巨噬细胞在体外对刀豆蛋白A（concanavalin A，ConA）引起的增殖反应依赖于超过生理剂量的葡萄糖。摄入高碳水化合物膳食还能通过保持血糖水平而减弱运动时皮质醇等应激激素的升高幅度，减轻运动引起的免疫抑制。

（三）微量元素对运动时机体免疫功能的影响

微量元素锌、铁、硒、铜对机体的免疫功能具有重要的调节作用。

运动员，特别是耐力运动员常存在铁缺乏风险，原因是：①铁在抗氧化反应中转移；②高蛋白质、高脂肪膳食限制铁的吸收。铁不足时，自然杀伤细胞活性减弱，淋巴细胞对丝裂原的应答降低，免疫组织萎缩。

锌和硒在维持免疫机能中起着重要的作用。硒可以调节前列腺素的生物合成，而锌又会影响自然杀伤细胞的活性。运动能够增加机体对硒的需要量，但补硒必须十分小心，晒摄入过量可能引起呕吐、腹痛、脱发和机体疲劳等副作用。

锌是提高免疫系统功能不可缺少的成分之一，锌不足会导致淋巴组织萎缩，胸腺退化。缺锌还可引起T杀伤细胞活性降低，体液免疫应答不足，体外淋巴细胞对丝裂原和抗原的应答减弱。重复性大强度运动对锌的需要量增加，但如果运动员血浆锌浓度较低，那么应保证运动员在大运动量训练期有足够的锌摄入。然而，长期摄入大量的锌会出现不良反应，健康成年人锌的补充量超过标准供给量的，可能会降低淋巴细胞和中性粒细胞的功能。

（四）维生素对运动时机体免疫功能的影响

体内维生素缺乏或维生素摄入不足都会影响免疫功能。维生素E和维生素C缺乏导致中性粒细胞和巨噬细胞吞噬能力低下。大运动量训练后口服维生素E可以抑制机体氧自由基的生成，提高机体抗氧化能力，并使大鼠血浆内皮素含量降低，血清含量升高，表明维生素E对大运动量训练大鼠的内皮细胞具有保护作用，可提高机体运动能力和抗疲劳能力。也有实验表明，赛前补充维生素C（600mg/d），共3周，运动员赛后上呼吸道感染率比未补充者要低。强化训练期膳食中增加维生素E和维生素C可明显减轻训练后的急性时相反应，如炎性细胞因子过量分泌等，间接缓解运动后的疲劳。

然而，摄入大剂量的维生素对机体也会产生潜在的损害。有研究发现，每天补充适量的维生素E，3周后外周血液中白细胞的杀菌能力和淋巴细胞对丝裂原的增殖反应将被有效抑制。大剂量服用维生素A可影响炎症反应及补体形成。

运动员在运动训练中要合理营养，尽可能将运动引起的免疫抑制降至最低程度，这也是运动营养学亟待解决的问题。

第三节 运动和营养与慢性病防治

一、概论

（一）运动和营养在健康中的作用

大量研究证实，绝大多数慢性病与体力活动不足以及营养不合理有关。提高体力活动水平与合理营养相结合，有助于防治和减轻严重危害健康的慢性病，如动脉粥样硬化、慢性阻塞性呼吸道疾病、脑血管疾患、高血压、糖尿病、肥胖症、骨质疏松症及某些恶性肿瘤；适量运动和合理营养还具有促进儿童青少年生长发育、改善心肺功能、提高耐力、减少身体脂肪量、防治肥胖和改善心理状态等健康效应。

病学调查、临床和实验研究还证明，膳食营养影响一些常见慢性病的发生，如膳食因素与冠心病和高血压的发生相关，对食管、胃、结肠、乳腺和前列腺等恶性肿瘤有保护或促进作用，能量过剩易引发肥胖症并增加 2 型糖尿病的患病率。

（二）健身防病的体力活动量

每天 30 min 中等强度活动量，能量消耗相当于 627 kJ～1 673.6 kJ（150 kcal～400 kcal），是保证健康的适宜活动量。在对多种危险因素的干预实验中，观察 7 年内患冠心病的相对危险度，结果发现，每日进行 47 min 中低强度的体力活动（6METs）与同样强度活动时间小于 30 min 者比较，前者患冠心病的相对危险度为 0.63，但增加活动时间到每天 2 h，冠心病的相对危险性未进一步下降。从实际出发，活动方式可采取走路、慢跑、游泳、爬山、骑车、上台阶、室内或庭院内活动。

美国运动医学会、美国国家疾病控制和预防中心鼓励美国人每天进行 30 min 中等强度活动，同时还提出了促进健康的体力活动金字塔，倡导循序渐进并按周安排的活动目标（图 5-3-1）。对静态生活者，起始目标是一日内有常规的 30 min 生活活动；逐渐增加规律的运动和休闲体力活动；为促进心脏和呼吸系统耐力，加入一些有氧运动的内容，如走路、慢跑、体操等，每周 3～5 次，并可加上 2～

3次的柔韧和力量性训练（中老年人和存在心血管疾病危险因素者，在进行一些较为剧烈的运动前应有医生指导），包括定期开发新的活动，建立坚持一生运动的计划，尽量少坐在静态生活的塔尖上。

健身活动的主要原则是：有氧运动，包括大肌肉群和规则、重复的方式；每周3～5次，最好每天1次，每次持续30 min～60 min；强度达到50%最大摄氧量（40%～85%最大摄氧量）；根据年龄和身体情况安排活动，每次活动的能量消耗为1 004.2 kJ～1 255.2 kJ（240 kcal～300 kcal），循序渐进，然后保持一定的活动量和强度。

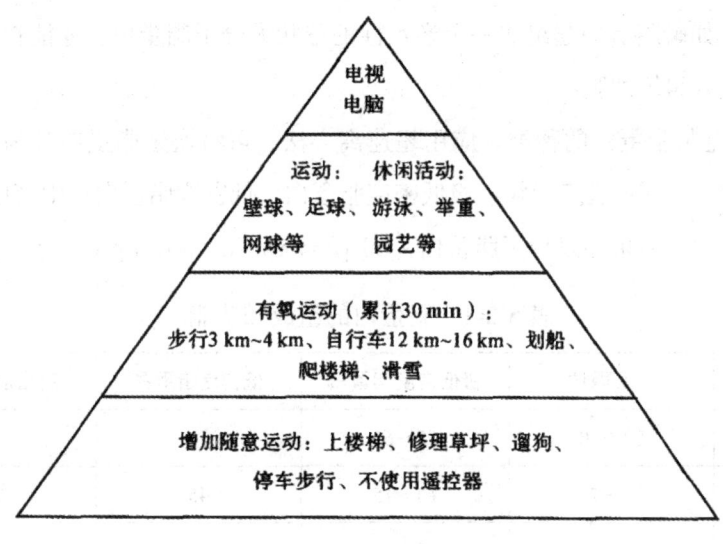

图5-3-1 美国体力活动金字塔

二、运动和营养与动脉粥样硬化

常见的与膳食营养关系密切的心血管疾病包括高血压、脑卒中和冠心病，这是一组以血压升高和动脉粥样硬化为病理基础的心血管疾病。大量流行病学研究表明，生活方式是这些心血管疾病发病率和病死率的决定因素，而膳食因素和体力活动又是其中的重要环节。

动脉粥样硬化是指以动脉壁变厚进而失去弹性为特征的一组疾病，动脉粥样硬化是动脉硬化症的一种类型。在中等及大动脉血管内膜和中层形成的脂肪斑块主要是由胆固醇和胆固醇酯构成,这些脂质与动脉壁上的泡沫细胞及巨噬细胞结合,进一步钙化和坏死,这些损伤通常被纤维组织和平滑肌细胞所覆盖,产生的病变伸向血管腔内导致血管变窄,并阻碍血液流动,称为动脉粥样硬化。动脉粥样硬化涉及冠状动脉、脑动脉、股动脉、髂动脉和主动脉。

(一)概述

1. 血浆脂蛋白分类和功能

血脂中的主要成分是甘油三酯和胆固醇。甘油三酯和胆固醇是疏水性物质,不能直接在血液中转运,也不能直接进入组织细胞。它们必须与特殊的蛋白质和极性类脂(如磷脂)一起组成一个亲水性的球状大分子脂蛋白,才能在血液中被运输,并进入组织细胞。

(1)血浆脂蛋白的种类。应用超速离心法,可将血浆脂蛋白分为五大类或六大类(表5-3-1):乳糜微粒、极低密度脂蛋白、低密度脂蛋白、中密度脂蛋白、高密度脂蛋白,后来还发现了脂蛋白(a)[lipoprotein(a)、Lp(a)]。

表5-3-1 脂蛋白的组成和功能

组成(%)	乳糜微粒	极低密度脂蛋白	低密度脂蛋白	高密度脂蛋白
甘油三酯	80~90	55~65	10	5
胆固醇	2~7	10~15	45	20
磷脂	3~6	15~20	22	30
蛋白质	1~2	5~10	25	45~50
合成部位	小肠黏膜细胞	肝细胞	血浆	肝、肠、血浆
功能	转运外源性甘油三酯及胆固醇	转运内源性甘油三酯及胆固醇	转运内源性胆固醇	逆向转运胆固醇

(2)血浆脂蛋白的临床意义。血浆脂蛋白的临床意义如下:

①乳糜微粒:正常人空腹12 h后,血浆中乳糜微粒已完全被清除。乳糜微粒颗粒大,不能进入动脉壁内,一般不致动脉粥样硬化。近年来研究表明,餐后高脂血症(主要是乳糜微粒浓度升高)亦是导致冠心病的危险因素。乳糜微粒的代

谢残骸可被巨噬细胞表面受体识别而摄入，因而可能与动脉粥样硬化有关。

②极低密度脂蛋白：目前多数学者认为，血浆极低密度脂蛋白升高是冠心病的危险因素。

③低密度脂蛋白：低密度脂蛋白是所有血浆脂蛋白中首要的致动脉粥样硬化性脂蛋白。研究证明，粥样硬化斑块中的胆固醇来自血液循环中的低密度脂蛋白。低密度脂蛋白直径相对较小，能很快穿过动脉内膜层。低密度脂蛋白易被氧化修饰，形成氧化型低密度脂蛋白，失去其原有的构型，不能被受体识别，具有更强的致动脉粥样硬化作用。

④高密度脂蛋白：高密度脂蛋白是一种抗动脉粥样硬化的血浆脂蛋白。高密度脂蛋白能将周围组织中包括动脉壁内的胆固醇转运到肝脏进行代谢，还具有抗高密度脂蛋白氧化的作用，并能促进内皮细胞修复损伤，还能稳定前列环素的活性，因此是预防冠心病的保护因子。

2.动脉粥样硬化的发病情况

动脉粥样硬化是造成冠心病和脑血管意外的主要原因，是生命的老化现象。它是一种慢性炎症过程，其特征是发病缓慢，在主要病变出现之前症状轻微，后期主要造成三种临床表现：脑卒中、冠心病和周围性血管性疾病。

首先，动脉粥样硬化发病率随年龄增长而增加，可能与随年龄增长而暴露于其他危险因素的时间延长有关；其次，动脉粥样硬化的发病率也与性别有关，50岁以上的中年人，男性发病率是女性的2倍。酗酒会增加冠心病的发病率。

（二）膳食因素与血胆固醇代谢

1.膳食脂类

我国调查资料表明，当动物性食品和油脂消费量增加时，脂肪提供的能量增加5%，人群平均血胆固醇水平升高10%。

膳食脂肪的"质"比"量"对血脂的影响更大。

（1）饱和脂肪酸。含饱和脂肪酸高的食物会导致血胆固醇浓度升高，这可能是由于低密度脂蛋白的清除速率减缓的结果。研究表明，降低膳食饱和脂肪酸和增加多不饱和脂肪酸的摄入可使血胆固醇浓度下降，主要表现为低密度脂蛋白和高密度脂蛋白都降低。

（2）单不饱和脂肪酸。动物实验和人群研究均证实单不饱和脂肪酸有降低血清胆固醇和低密度脂蛋白水平的作用，同时可升高血清高密度脂蛋白。膳食中单不饱和脂肪酸主要是油酸（C18：1），橄榄油中油酸含量达84%，花生油、玉米油、芝麻油中油酸的含量也很丰富，分别为56%、49%、45%。

（3）多不饱和脂肪酸。多不饱和脂肪酸包括n-6的亚油酸和n-3的亚麻酸以及长链的二十碳五烯酸、二十二碳六烯酸。研究表明，用亚油酸和亚麻酸替代膳食中饱和脂肪酸，血清中胆固醇、低密度脂蛋白水平会显著降低，但同时可使高密度脂蛋白水平降低。二十碳五烯酸和二十二碳六烯酸可以明显降低甘油三酯水平，而且能升高高密度脂蛋白。

（4）反式脂肪酸。增加反式脂肪酸的摄入量，可使低密度脂蛋白水平升高，高密度脂蛋白水平降低，增加患冠心病的危险性。反式脂肪酸是在氢化油脂中产生的，如人造奶油。

（5）膳食胆固醇。摄入高胆固醇膳食是引起血清胆固醇升高的主要决定因素，并增加患心脑血管疾病的危险性。但是膳食胆固醇诱发高胆固醇血症的敏感性在不同的种族和人群中有差异。人体中的胆固醇油30%~40%属于外源性，即直接来源于食物，而大部分在肝脏内合成，属于内源性。尽管如此，由于含胆固醇高的动物性食品，其饱和脂肪酸含量也高，因此限制膳食胆固醇的摄入有利于预防高胆固醇血症。

2.膳食碳水化合物及其构成

进食大量糖类，易使糖代谢加强，细胞内三磷酸腺苷增加，使脂肪合成增加。过多摄入碳水化合物，特别是能量密度高、缺乏纤维素的双糖或单糖类，可使血清极低密度脂蛋白、甘油三酯、胆固醇、低密度脂蛋白水平升高。高碳水化合物还可使血清高密度脂蛋白下降，膳食碳水化合物供能比与血清高密度脂蛋白水平呈负相关。我国膳食中碳水化合物含量较高，人群中高甘油三酯血症较为常见。

膳食纤维有调节血脂的作用，可降低血清胆固醇和低密度脂蛋白。可溶性膳食纤维比不溶性膳食纤维的作用更强，前者主要存在于大麦、燕麦、豆类、水果中。

3. 微量元素

流行病学研究表明，水的硬度与冠心病的发病率、死亡率呈负相关。水的硬度与钙、镁、锌等含量有关。镁对心血管系统有保护作用，具有降低胆固醇、降低冠状动脉张力、增加冠状动脉血流量等作用。动物实验发现，缺钙可引起血胆固醇和甘油三酯升高，补钙后，可使血脂恢复正常。缺锌可引起血脂代谢异常，血清锌含量与胆固醇、低密度脂蛋白呈负相关，而与高密度脂蛋白呈正相关。

4. 维生素

目前认为对血脂代谢有影响的维生素主要是维生素 C 和维生素 E。

维生素 C 对血脂的影响可能过以下机制实现：①促进胆固醇降解，转变为胆汁酸，从而降低血清胆固醇水平；②增加脂蛋白脂酶活性，加速血清极低密度脂蛋白、甘油三酯降解。维生素 C 在体内参加胶原的合成，使血管韧性增加，脆性降低，可防止血管出血。

维生素 E 是脂溶性抗氧化剂，可抑制细胞膜脂类的过氧化反应，增加低密度脂蛋白的抗氧化能力，减少氧化型低密度脂蛋白的产生。维生素 E 能影响参与胆固醇分解代谢的酶的活性，有利于胆固醇的转运和排泄，对血脂水平起调节作用。此外，维生素 E 还有扩张血管、抑制血小板凝集、保护血管内皮细胞、预防动脉粥样硬化的作用。

（三）膳食预防原则

饮食控制是预防动脉粥样硬化的主要措施。

1. 保持能量平衡

通过能量平衡来维持理想体重。如果超重或肥胖，不仅要减少能量摄入，还应增加体力活动，促进能量消耗。

2. 限制脂肪和胆固醇摄入

膳食脂肪供能应占总能量的 25％ 以下，降低饱和脂肪酸的摄入，少吃动物油脂，适当增加单不饱和脂肪酸和多不饱和脂肪酸的摄入量。限制含胆固醇较高的食物的摄入量，如蛋黄、水产贝类（龙虾、小虾、牡蛎）及动物内脏。

3.科学烹调

最好采用烧、煮、蒸等烹调方式,不用或少用油煎或油炸。

4.合理的进餐制度

吃饭要定时,两顿饭之间不要加餐。如果加餐,可选择苹果、生胡萝卜、饼干或其他不提供脂肪的食品。不吃或少吃奶油、糖果或酸味饮料,少吃甜食,少吃精制粮,多吃粗粮。这样降低能量摄入,也能减少肠道对脂肪和胆固醇的吸收。要适量饮用茶、咖啡和含咖啡因的饮料。

(四)动脉粥样硬化的运动处方

研究发现,体力活动有助于防治动脉粥样硬化、冠心病等心血管疾病,还可以延缓人体内动脉硬化斑块的形成。

1.体力活动或运动的作用机制

体力活动改善冠心病的机制,主要是增加冠状动脉口径和侧支循环,增强心肌功能、改善末梢血分布和回流、提高离子转运能力、调节红细胞比容、增强血容量及纤维溶解能力,促进生长激素的分泌、提高应激的负荷能力;同时,可降低心率、动脉压、血脂浓度,抑制血小板聚集,缓解心律失常,减少神经体液过度反应及精神紧张性疲劳等。

2.冠心病患者的运动处方

由于冠心病发病后的情况比较复杂,锻炼应在医生及专业人员指导下进行,最好有仪器监测及急救设备等医学监护措施。

(1)急性心肌梗死出院后步行程序。恢复期康复活动以步行程序最简便易行,步行以无症状、无疲劳感为宜,具体要求见表5-3-2。活动前后要数心率,应由家属陪伴步行,以保证安全。

表5-3-2 急性心肌梗死出院后步行程序

周	距离(m)	时间(min)	速度(m/min)	速度(km/h)
2	400	8~10	40~50	2.4~3.2
4	80	15	53	3.2

续表

周	距离（m）	时间（min）	速度（m/min）	速度（km/h）
6	1 600	30	53	3.2
8	1 600	24	66	4.0
10	1 600	20	80	4.8
12	1 600	17.5	91	5.6
14	1 600	15	107	6.4

（2）慢性冠心病的运动处方。该运动处方适用于稳定型心绞痛及陈旧性心肌梗死。

①运动目的：恢复体力，减少复发；提高心脏功能，增加对体力负荷的耐受量，控制体重、降低血脂、降低过高的血压，从而控制冠心病的危险因素。

②运动种类：以耐力性有氧运动项目为主，配合放松性锻炼项目，如太极拳、气功、保健操等。

A.步行：如果以 80 m/min～85m/min 的速度步行，心率可达 100 次/分钟，步行速度在 85 m/min 以上者，可使心率达 100～110 次/分钟。

B.走/跑交替：步行 1 min 与慢跑半分钟交替进行 20 次，总时间为 30 min，走速约 50 m/min，跑速约 100 m/min。

C.健身跑：一般为 8 km/h，缓慢者只需 4 km/h～5km/h。有过急性心肌梗死者，不宜进行慢跑，以免发生意外。

D.骑自行车：应用功率自行车在室内锻炼，运动强度（功率）为 450 kg·m/min～750 kg·m/min，持续 15 min。

③运动强度：一般取 60% 最大摄氧量，从低强度逐渐过渡到中等强度，运动时心率在（110～130）次/分钟范围为宜。

④运动时间：一般主项耐力性运动每次 20 min～30 min，辅助性、放松性项目可每天进行 10 min～20 min。

⑤运动次数：每周至少 3～4 次。笔者认为如果一次运动强度等于或大于 60%，持续 20 min，则每周 3 次即隔日一次最好。

⑥注意事项：经过医生检查后，才能开始锻炼。初期应有医护人员在场观察指导，适应后病人可自行活动、自我观察、定期复查，耐力性项目锻炼须有 5 min 准备活动和 5 min 整理活动。

三、运动和营养与糖尿病

糖尿病病因目前尚未完全阐明，流行病学研究表明，糖尿病发病受遗传和环境两方面因素影响，肥胖和体力活动减少是两个重要危险因素。

（一）概述

1. 发病情况

糖尿病是一种与饮食营养有密切关系的常见病。世界各国、各民族都有发病，且发病率逐年增高。1995 年全世界的糖尿病患者有 1.25 亿，预计到 2025 年，患病人数将增至 2.99 亿。糖尿病已成为世界第 5 位死亡原因。大多数国家糖尿病的发病率为 1%～2%，发达国家的发病率较发展中国家为高。美国发病率为 5%～6%；日本为 0.6%～5.1%。我国在 1980 年第一次普查时发现，20 岁以上者发病率为 6.74%，1994 年第三次普查结果为 25.1%，比 1980 年增长 3 倍以上。

糖尿病在同一人群中发病率有较大差异，年龄和性别是主要影响因素。我国调查资料显示，20 岁以下发病率最低，40 岁以上激增，60 岁以上最高。在欧美国家，女性发病率高于男性，男女发病率之比为 1∶1.4，但在东南亚国家男性发病率高于女性。我国男女发病率之比为 1.08∶1，差别不显著。就职业而言，从事家务的人患病率最高，干部和知识分子次之，农民最低。超重的人群的糖尿病发病率明显高于体重正常者。

2. 糖尿病分型及其特点

糖尿病的分型及其特点如下：

（1）1 型糖尿病。1 型糖尿病也称"胰岛素依赖型糖尿病"。体内胰岛素分泌不足，必须依赖外源胰岛素维持生命。多见于 15 岁以前发病的幼儿及青少年，也可见于成年人。1 型糖尿病病情重，血糖波动大，易发生酮症酸中毒。

（2）2 型糖尿病。2 型糖尿病又称"非胰岛素依赖型糖尿病"。主要是胰岛素抵抗及胰岛素相对缺乏造成的。所谓胰岛素抵抗是指体内胰岛素并不少或反而多，但因组织对胰岛素不敏感，使其不能发挥作用，因而血糖升高。2型糖尿病约占世界糖尿病病人总数的90%，在我国约占95%。发病年龄多见于40岁以上的成年人，患者大多肥胖，发病之初多无症状，常在体检或者有明显糖尿病症状时才会发现。2型糖尿病病情缓慢，血浆胰岛素分泌较多，胰岛素受体不敏感，血浆胰岛素水平基本在正常范围内，早、中期不需要胰岛素治疗，应激时易发生酮症酸中毒。

（3）其他型糖尿病。糖尿病多由胰腺自身疾病或其他内分泌改变引起，也称"继发性糖尿病"。如胰腺炎、胰腺切除、血色病等引起的糖尿病，垂体性糖尿病等。在原发病治愈时，糖尿病症状可随之消失。妊娠糖尿病也属于此类。

（二）糖尿病的饮食治疗

饮食治疗是治疗糖尿病行之有效的基本措施。无论何种类型糖尿病，用胰岛素还是用口服药，都必须通过饮食控制以减轻胰岛 β 细胞的负担，改善症状，防治各种并发症。对于年长、肥胖而无症状或少症状的轻度患者，血浆胰岛素空腹及餐后偏高者，饮食治疗为首要措施。重症患者，除药物治疗外，更要严格进行饮食治疗，以防病情波动。

1. 饮食治疗原则

糖尿病饮食治疗的目的在于使患者恢复和维持正常的血糖、尿糖、血脂水平，防止和延缓并发症的发生。因此，在饮食治疗中要注意以下原则。

（1）适当节制饮食，限制总能量摄入量，以达到和维持理想体重。

（2）膳食中碳水化合物、蛋白质和脂肪比例应适当，同时注意补充足够的维生素和微量元素。

（3）避免摄入高糖食物，如各式甜食、糖果等，不偏食。

（4）增加高膳食纤维摄入量，减少酒和钠的摄入。

（5）糖尿病饮食治疗需长期坚持。

（6）肥胖、妊娠、并发症患者的饮食治疗应视具体情况而定。

2. 饮食治疗方法

（1）能量。糖尿病人的能量摄入量，应以维持或略低于理想体重为宜。

（2）碳水化合物。胰岛素问世以前，为了控制血糖，糖尿病人膳食中的碳水化合物被严格控制在15%以下。研究发现，血糖增高主要取决于摄入的总能量，在合理控制能量摄入的前提下，略提高碳水化合物摄入量可改善糖耐量，不仅不增加胰岛素的分泌，反而还可提高胰岛素的敏感性，因此应提高膳食中碳水化合物的供给量。目前主张碳水化合物供给量以占总能量的50%～65%为宜。碳水化合物数量虽未严格限制，但对质量要求严格。

（3）脂肪。心脑血管疾病及高脂血症是糖尿病常见并发症。因此，糖尿病人的饮食应适当降低脂肪供给量，脂肪供给量应占每日摄入总能量的20%～30%，或按每天0.7 g/kg～1.0 g/kg供给。

（4）蛋白质。糖尿病患者因体内糖原异生作用增强，蛋白质消耗增加，常呈负氮平衡，要适当增加蛋白质供给。动物性蛋白质不低于蛋白质总量的33%，同时补充一定量豆类蛋白质。成人按每天1.0 g/kg～1.5 g/kg供给；孕妇、乳母营养不良及存在感染时，如肝肾功能良好，可按每天1.5 g/kg～2.0 g/kg供给；儿童糖尿病患者，则按每天2.0 g/kg～3.0 g/kg供给。如果是肾功能不全者，应限制蛋白质摄入，摄入量可根据肾功能损害程度而定，一般按每天0.5 g/kg～0.8 g/kg供给。

（5）维生素。维生素与糖尿病关系密切，尤其是维生素B_1、维生素B_{12}、维生素C和维生素A等。维生素B_1在糖代谢的多环节起重要作用，糖尿病易并发神经系统疾病，可能与维生素B_1供给不足有关。

（6）矿物质和微量元素。应适当限制钠盐摄入，以防止和减轻高血压、冠心病、高脂血症及肾功能不全等并发症。糖尿病患者要适当增加钾、镁、钙、铬、锌等元素补充。血镁低的糖尿病患者容易并发视网膜病变，适当补充镁，是防止视网膜病变的有效措施。钙摄入不足可导致患者骨质疏松，儿童糖尿病缺钙可能影响发育。三价铬是葡萄糖耐量因子组成成分和胰岛素的辅助因子，糖尿病患者血清铬明显低于正常人。铬对碳水化合物代谢有直接作用，可促进蛋白质合成，激活胰岛素。

（7）膳食纤维。流行病学调查和临床研究都已证实膳食纤维可防治糖尿病，膳食纤维有降低血糖和改善糖耐量的作用，摄入膳食纤维较多的人群，糖尿病发病率较低。果胶水溶液有一定黏滞度，与血糖降低呈正相关，可使抑胃多肽分泌减少，而抑胃多肽过高，易使餐后血糖升高，且可刺激胰岛素分泌。膳食纤维有降血脂、降血压、降胆固醇和防止便秘等作用。

（三）糖尿病的运动处方

20世纪30年代，开始用胰岛素治疗糖尿病后，继而出现了通过饮食、运动与胰岛素来治疗糖尿病的三种疗法，或称糖尿病治疗的三大法宝。运动对糖尿病的治疗效果已得到肯定，许多病情较轻的患者，仅通过饮食和运动治疗可有效控制病情。

1. 运动控制糖尿病的可能机制

（1）调节碳水化合物代谢。碳水化合物为肌肉运动的主要能源物质。运动中血糖平衡的调节十分复杂，运动有以下作用：①运动时，肾上腺素α受体兴奋，抑制胰岛素分泌，血浆胰岛素浓度下降，一方面有助于抑制不运动肌肉对糖的利用，另一方面肌肉运动促进局部血流增加，增强胰岛素与肌细胞膜上受体的结合力，结果少量胰岛素就能使葡萄糖进入肌细胞。②运动时，在胰岛素浓度下降的协同下，胰高血糖素分泌增加和儿茶酚胺浓度增加，都能促进肝糖原分解和糖异生，升高血糖。同时，儿茶酚胺使脂肪酸动员和氧化增加，肌肉利用糖下降而使血糖升高。血浆中一系列激素变化的幅度与运动强度有关，皮质醇与生长激素的变化在长时间运动时较为显著。

（2）改善脂质代谢和调节体重。一方面，运动疗法不仅可防治肥胖，还可降低LDL（动脉硬化危险因子），增加高密度脂蛋白胆固醇；另一方面，2型糖尿病患者的体重会或多或少地有所减轻，这是残存的胰岛B细胞的一种防卫反应，以求维持机体的内环境稳定。随着体重的减轻，对胰岛素的需要会相应减少。糖尿病症状得到控制和改善时，体重会增加。

（3）增加肌肉毛细血管密度。耐力运动可增加肌肉毛细血管密度，从而扩大肌细胞与胰岛素及血糖的接触面，提高血糖利用率。运动还可增加有氧代谢酶活性，改善碳水化合物的分解利用率。运动虽然不能增加胰岛素分泌，但可使血糖水平下降，糖耐量改善。

（4）提高大脑和神经功能。运动可消除紧张，改善病人情绪，保持体力。

2. 运动疗法的目的和适应证

（1）目的。改善糖和脂肪代谢，降低血脂、血糖；提高组织对胰岛素的敏感性；增强体力、增进健康、增强信心，预防糖尿病的并发症。

（2）适应证。运动疗法主要适用于轻度及中度2型糖尿病，因此型患者组织胰岛素受体功能降低对发病起重要作用，而运动能提高胰岛素受体功能，所以有特殊的治疗意义。对于1型糖尿病，运动疗法仅有利于对抗运动不足，无特殊治疗意义，并且此型患者血糖不易稳定控制，只能做轻微活动。

（3）禁忌证。严重的2型糖尿病患者或血糖波动明显的糖尿病患者，运动可使血糖升高，脂肪分解增加，易使病情恶化；有急性并发症的患者，运动可能导致急性感染、酮症酸中毒等；伴有较重的肾病者，运动会增加蛋白尿，加重肾病的发展；伴有严重的高血压和缺血性心脏病者，运动会加重心脏负担，诱发心绞痛甚至心肌梗死，故必须在医生的严密监测和指导下进行活动；伴有严重的眼底病变者，运动量过大会加重眼底病变，增加眼底出血的机会。

3. 糖尿病运动处方（适用于2型糖尿病）

（1）锻炼目的。①改善碳水化合物和脂肪代谢，提高肌肉对葡萄糖的利用率，降低血脂、血糖和尿糖。②改善胰岛素受体的敏感性，逐渐减少口服降糖药和胰岛素的用量。③增强体力和抵抗力，防止和减少感染。

（2）运动类型。主要有三种运动类型：体力（耐力）锻炼、提高强度的锻炼和增加韧性的锻炼（表5-3-3）。

表5-3-3 糖尿病运动疗法的运动类型

体力锻炼	强度锻炼	韧性锻炼
散步、慢跑、跑步、游泳、跳绳、骑自行车、滑雪、滑冰、划船、攀登、溜旱冰	健身操、举重	伸展运动、瑜伽、柔软体操

最适合糖尿病患者的运动是持续、适量和有规律的有氧运动。例如，骑自行车、散步、慢走、跑步、打羽毛球、游泳等中低强度的有氧运动，可以增强心肺功能，降低血脂，增加能量消耗，降低血糖，改善血液循环，提高胰岛素敏感性。

适合糖尿病患者的运动方式有慢步走、保健操、老年迪斯科或适当的家务劳动，散步和伸展运动是最简便、安全、实用的运动方式。

糖尿病患者不宜选择爆发用力和静止用力等无氧运动项目，如举重、射箭、快速跑等短时间剧烈用力且屏住呼吸的运动。

（3）运动强度。运动强度过低，能量代谢以利用脂肪为主，对糖代谢影响较小；运动强度过高则开始时使血糖明显上升，以后又使血糖过度下降，甚至引起低血糖反应。中等强度的运动量，对降血糖和尿糖有明显作用，这是糖尿病运动疗法的特点之一。另一特点是运动中全身肌肉都应得到锻炼，以利于肌肉对葡萄糖的利用。因此，运动强度相当于50%～60%最大摄氧量，每次持续20 min～30 min，可逐渐延长至1 h，并要有准备活动及整理活动。

糖尿病患者最好养成做运动日记的习惯，以判断运动量是否合适及对运动量做出相应调整。

①运动量适宜：运动后微汗，轻松愉快，食欲、睡眠良好，虽稍感疲乏、肌肉酸痛，但休息后可消失，次日体力充沛，有运动愿望。

②运动量过大：运动后大汗，头晕眼花，胸闷气短，非常疲倦，脉搏在运动后5 min尚未恢复，次日周身乏力，无运动愿望。

③运动量不足：运动后身体无发热感，无汗，脉搏无变化或在2 min内恢复。

参考文献

[1] 司玉灿,闫明晓,赵升.运动营养与健康知识[M].西安:陕西科学技术出版社,2014.

[2] 金邦荃.营养 卫生 运动:家庭健康[M].南京:江苏教育出版社,2004.

[3] 杨则宜,孙风华.健康青少年运动营养指南[M].北京:人民体育出版社,2008.

[4] 杨则宜,冯炜权.健康中年运动营养指南[M].北京:人民体育出版社,2007.

[5] 熊正英.运动·营养与健康[M].西安:陕西人民教育出版社,2006.

[6] 董世平,温朝晖.运动营养健康学[M].长春:吉林人民出版社,2005.

[7] 张寒慧,马志君,崔鹏.运动营养与健康[M].北京:新华出版社,2014.

[8] 张友毅.运动、营养与健康[M].成都:四川大学出版社,2011.

[9] 苏振阳,白光斌,于少勇.大学生运动营养与健康[M].西安:西安电子科技大学出版社,2015.

[10] 张山佳.运动生物化学与健康营养[M].成都:电子科技大学出版社,2017.

[11] 杨昊宇,苑宁,董贺楠,等.运动营养食品的研究进展[J].粮食与油脂,2022,35(3):30-33.

[12] 赵晓慧.运动及营养公选课对大学生运动营养知识认知及行为的影响[J].食品安全导刊,2022(2):117-121.

[13] 段玉梅,范彩丽,王安素,等.骨性关节炎与肌少症的相关性及其运动营养干预研究进展[J].护理研究,2022,36(1):105-109.

[14] 佟伶.膳食营养与体育教学的融合研究——评《运动营养全书(全彩图解版)》[J].食品安全质量检测学报,2021,12(24):9652.

[15] 张军.青年篮球运动员体能的营养支持研究[D].苏州:苏州大学,2006.

[16] 钱志嘉，张瑞雪．国际化背景下中国运动营养补剂企业品牌发展 [J]．食品工业，2021，42（12）：424-427．

[17] 田登辉．运动营养补剂对网球运动员集训期生理机能与运动能力的影响 [J]．食品研究与开发，2021，42（24）：231-232．

[18] 康鹏，李国薇，马宏祥，等．运动营养食品及其抗疲劳活性成分研究进展 [J]．食品安全质量检测学报，2021，12（23）：9157-9164．

[19] 岳志杰．运动营养与慢性疾病的防治 [J]．科学之友（B版），2009（11）：154-155．

[20] 曹立全．运动营养食品对国民体质及健康的影响 [J]．现代食品，2019（13）：100-101；113．

[21] 高鑫．补充运动营养补剂对健美运动爱好者身体成分的影响研究 [D]．临汾：山西师范大学，2019．

[22] 陈东波．运动营养、体重控制与心理健康 [J]．百科知识，2019（15）：27．

[23] 邓华荣．篮球运动员训练后疲劳消除与运动营养研究 [J]．文体用品与科技，2019（9）：211-212．

[24] 潘思卉，王美珺．老年人的运动营养分析 [J]．饮食科学，2019（4）：95．

[25] 赵宇航．运动营养在足球比赛中的作用 [J]．休闲，2019（1）：198．

[26] 袁林．运动营养食品现状与未来发展趋势 [J]．食品安全导刊，2018（36）：43．

[27] 桂茹结．浅析运动营养、体重控制与心理健康的关系 [J]．西部皮革，2018，40（18）：47-48．

[28] 廖锶微．运动营养在篮球运动中的作用 [J]．当代体育科技，2018，8（27）：42；44．

[29] 李欣．大连市青少年运动员运动营养食品应用现状研究 [D]．大连：辽宁师范大学，2016．

[30] 齐占永．武汉商业健身俱乐部中运动营养食品市场份额的研究 [D]．武汉：武汉体育学院，2015．